Dans l’enfer de l’Opus Dei

VÉRONIQUE

DUBORGEL

Dans l'enfer de l'Opus Dei

TÉMOIGNAGE

J'AI LU

À mes enfants

Avant-propos

Ce 19 mars 1996, les minutes et les heures me semblent s'écouler très lentement. Je n'ai rien d'autre à faire qu'attendre. À minuit, je serai délivrée. Je n'appartiendrai plus à l'Opus Dei. Je serai libre.

À 22 heures, le téléphone sonne. C'est une responsable du centre auquel j'appartiens. Elle me demande si j'ai oublié de renouveler mon engagement. C'est le jour de la Saint-Joseph, en effet, que chaque année, les membres doivent reconfirmer leur appartenance. Je lui réponds calmement que je n'ai pas oublié, qu'il s'agit là d'une décision mûrement réfléchie. Elle m'adresse quelques reproches et tente de me faire changer d'avis. En vain.

Depuis des années, entre janvier et mars, l'angoisse monte en moi à l'idée de l'échéance du 19 mars. Mais lorsque je fais part de mes doutes au sein de l'Opus Dei, on lève les yeux au ciel : c'est encore Satan qui se déchaîne et qui tente, à l'approche de la date fatidique, de détourner les âmes du chemin de la sainteté. Si je ne renouvelle pas mon contrat, le diable aura gagné. Et moi, je terminerai en enfer. Car, me répète-t-on, quitter l'Opus Dei met le déserteur en état de péché mortel.

Ce 19 mars 1996, après treize ans passés dans cette institution sulfureuse, je prends le risque. Et depuis, je me pose régulièrement la question : où se trouve l'enfer ? Dans la rupture avec cette organisation, ou dans l'obéissance aveugle qu'elle exige de ses membres ?

Car pendant ces années de jeunesse, j'ai obéi, broyée dans l'engrenage de la « vocation ».

Pourtant, peu de personnes étaient aussi éloignées que moi des idées et des pratiques de cette organisation à la réputation sulfureuse.

À l'époque de ma rencontre avec l'Opus Dei, j'ai dix-neuf ans et je suis fiancée. Cette relation devient de plus en plus sérieuse, et nous pensons au mariage. Voilà tous les ingrédients d'une histoire d'amour. Ce sera un cauchemar. Car ce choix en a amené d'autres, et d'autres encore.

Ce fiancé, je ne suis pas allée le chercher bien loin. Sa famille s'était établie dans mon village depuis plusieurs années déjà. Ils étaient originaux, marginaux, mais j'aimais assez l'image qu'ils renvoyaient d'une famille unie, avec me semblait-il beaucoup d'amour et de dialogue. Naïve que j'étais ! Je croyais aux apparences.

Cette erreur de jugement est à l'origine de tout. De par son éducation et son mode de vie, mon futur mari s'est tout de suite trouvé très à l'aise au sein de l'Opus Dei. Pour lui, le changement était minime. Les pratiques religieuses quotidiennes, il les vivait déjà, à l'exception de quelques-unes. Pour lui, rien n'était étrange ou abusif. Cette nouvelle « famille » ne faisait que reproduire dans un fonctionnement quasi identique ce qu'il avait déjà vécu. Il en allait tout autrement pour moi.

Mariage et initiation : je me suis trompée deux fois et deux fois de la même manière. Avec une petite différence quand même. Pour le mari, c'est moi qui l'ai choisi, pour l'Opus Dei, d'autres m'ont forcé la main. Et je me suis laissé faire, sans rien dire. Encore une énigme pour moi.

Si je prends la plume aujourd'hui, c'est à la fois pour moi et pour les autres. Pour moi qui ai besoin de comprendre comment et pourquoi j'ai dilapidé ma jeunesse avec des gens qui n'étaient pas mon genre. Pour les autres qui sont déjà dans les filets de ce genre d'organisations ou qui risquent de s'y laisser prendre demain. Pour épauler ceux qui désirent en sortir mais redoutent de faire le pas. Mais je crois surtout que, si j'écris, c'est pour rendre hommage à tous ceux qui ont souffert et n'ont pas été écoutés, et pour rendre justice à toutes les femmes victimes de violences physiques, morales, psychologiques. Essayer de prêter ma voix, ou plutôt ici mon écriture, à celles que l'on n'écoute pas et qui « portent leur croix » en silence. Parce que je crois à la force du témoignage, ce livre est devenu un devoir.

Au départ, je ne voulais pas m'attarder sur cette histoire. L'idée ne m'avait même pas effleuré l'esprit. Je quittais l'Œuvre – « Opus Dei » signifie « Œuvre de Dieu » en latin ; entre eux, les membres disent souvent « l'Œuvre » pour désigner cette prélature[1] – sur la pointe des pieds, discrètement, sans faire de vagues, comme j'y étais venue. Heureuse d'en partir, mais sans acrimonie. L'Opus Dei en a décidé autrement.

Je ne demande pas au lecteur de prendre position, mais simplement de lire ce livre sans a priori. J'espère seulement que celui-ci ne sera pas « mis à l'Index » comme le sont tous ceux que l'Œuvre ne juge pas dignes d'être portés à la connaissance de ses ouailles.

Certaines personnes peuvent aimer l'Œuvre, voire s'y sentir bien. Je les respecte. Et j'espère qu'elles

1. L'Opus Dei a été érigée en «prélature personnelle» du pape le 28 novembre 1982, un statut juridique particulier dans l'Église, taillé sur mesure, et qui fait dépendre ses responsables directement du Saint-Père et non des évêques diocésains.

respecteront aussi ma position. Mais je ne m'interdis pas de dire ce que l'Opus Dei représente de sectaire pour moi, et pas seulement pour moi, mais pour toutes les personnes qui en sont sorties culpabilisées, abîmées, détruites. Elles sont nombreuses.

1

En route vers la sainteté !

En 1982, j'ai dix-neuf ans, je suis à l'Université, où j'ai pas mal d'amis. Je suis comme toutes les filles de mon âge, je m'habille à la mode, plutôt hippie, je sors au cinéma. Je suis romantique. Je préfère *La Dame aux camélias* à *Orange mécanique*. Je suis d'un naturel assez gai et optimiste. Cette année-là, je prends une décision qui va me mener jusqu'en enfer : je me fiance à un homme qui, détail, vient d'entrer à l'Opus Dei. Mais ce « détail », je ne le connais pas encore.

Il est vrai que je ne sais pas grand-chose de la vie. Aînée de trois enfants, j'ai grandi dans un petit village situé près de la frontière suisse. Ma mère, comme ses sœurs, est croyante et pratiquante tandis que mon père ne veut pas entendre parler de religion. Puisque saint François de Sales est passé dans ma région, j'ai été baptisée catholique plutôt que protestante, voilà tout. Pendant toute mon adolescence, je vis comme je veux, et la morale de l'Église n'est pas nécessairement la mienne. Je passe directement de la sortie de boîte de nuit à la messe du dimanche – je profite du sermon pour me reposer un peu. J'ai des petits amis. Pour moi, la religion n'a pas vocation à régir un mode de vie. Mais au fond, je manque de repères, j'ai l'impression d'être en chute libre, et j'aimerais me poser, croire en quelque chose. Ce qui est sûr, c'est que je suis en quête d'idéal, de perfection. Le monde à mon avis ne tourne pas rond, il y a trop d'horreurs partout, je veux que cela change, mais je ne sais pas comment faire. Des questions existentielles se bousculent en moi. J'ai peur de la mort, je dors la lumière allumée et je lutte contre le sommeil car je redoute de ne pas me réveiller.

Je recherche quelque chose, mais je ne sais pas quoi.

Avec mon fiancé, je me suis remise un peu à la pratique religieuse, je vais à la messe, je parle spiritualité. Mon amoureux m'apporte un idéal familial. Je le choisis pour des raisons obscures. J'éprouve une certaine admiration pour cet homme plus âgé que moi de quatre ans. Avec lui, j'aborde les sujets qui me préoccupent, il m'apporte quelques bribes de réponses. Fin 1982, nous lisons dans *Le Monde* un article sur l'Œuvre. Pas positif d'ailleurs, si ma mémoire ne me trompe pas. Je ne m'y intéresse pas vraiment, me disant que c'est un nouveau mouvement, un de plus, dans l'Église catholique. À peu près à la même époque, nous sommes invités chez un jeune homme que nous rencontrons parfois à la sortie de la messe. Lorsque nous arrivons chez lui, il y a plusieurs autres personnes, tous des hommes. Je me sens un peu isolée. Dans la bibliothèque, se trouve le livre *Chemin* écrit par Mgr Escrivá, fondateur de l'organisation, recueil d'aphorismes qui est le livre de chevet des adeptes. Je ne le remarque pas, et la discussion ne tourne pas trop autour de l'Opus Dei, même si on en parle un peu. Personne dans l'assemblée ne dit y appartenir. D'ailleurs, aucun des participants ne semble vraiment connaître ce « mouvement ». Pourtant tous sont membres de l'Œuvre ! Et tous gardent le secret.

J'apprendrai plus tard que notre hôte est surnuméraire. Cette appellation propre au jargon de l'institution désigne un membre qui peut se marier, mener une vie « normale », à condition de respecter des préceptes de vie très rigoureux. C'est le statut que j'aurai moi-même pendant treize ans. Les autres hommes que je croise chez lui ce soir-là sont, eux, numéraires. Célibataires, ils ont promis chasteté, pauvreté et obéissance. Laïcs, ils vivent en communauté dans des foyers et exercent la plupart du temps une activité professionnelle. Mais leur vie, leur énergie, comme leurs revenus, sont tout entiers voués à l'Œuvre.

Avec le recul, je trouve cette soirée marquée par la dissimulation tout à fait ahurissante. La seule évocation de ce souvenir me met mal à l'aise. Pourquoi cacher cette appartenance ? À chaque fois que j'y repense, j'ai l'impression d'une machination. Cette rencontre s'achève de manière sympathique, mais je n'en retire rien, si ce n'est que notre hôte va se marier sous peu. C'est au moins un point commun entre nous. Pour mon fiancé, il en ira tout autrement. Je date sa fréquentation de l'Œuvre de cette soirée. Notre hôte l'avait sans doute organisée à son domicile pour présenter sa « proie » aux numéraires qui ont approuvé ce choix. La machine était lancée. A-t-on conseillé à mon futur mari de me tenir à l'écart, de ne pas me parler directement ? Mon expérience future m'incite à le croire.

Quelques mois plus tard, mon fiancé me propose de rencontrer un groupe de filles dans un centre culturel dont il me dit le plus grand bien. Il s'agit du centre Le Rocher, à Genève : les antennes locales de l'Œuvre portent toujours des noms sibyllins. Là, je rencontre des jeunes filles très sympathiques et accueillantes. Toujours cette constance de la joie et de la gaieté, que l'on retrouve partout, au moins en apparence. À croire que dans ces centres se crée un monde factice, un décorum fait pour séduire et engluer les gens. En franchissant les portes du Rocher, j'ignore où je mets les pieds. Rien n'indique une quelconque couleur ou appartenance religieuse.

Il y a, déposées çà et là, des brochures sur l'organisation, mais je ne m'y intéresse pas.

Au Rocher, tout le monde est donc joyeux, accueillant et dynamique. Je m'inscris même à un cours de couture. J'adore les tissus, et j'aime confectionner des vêtements. Là, je fais la connaissance d'autres filles de mon âge. Je ne me pose pas trop de questions. Pour moi, ce centre est une espèce d'association où des jeunes se retrouvent pour diverses activités. Rien d'anormal donc. Une fois encore, personne ne me parle d'Opus Dei, ou même de religion. Lors des pauses, nous écoutons les Beatles, ou bien certaines filles espagnoles se mettent à la guitare. Parfois, le soir, nous partageons une fondue au chocolat. Délicieux ! Tout cela est très convivial. Je ne me méfie pas. Pourquoi d'ailleurs devrais-je être sur mes gardes ?

Je fréquente l'endroit depuis quelque temps lorsque mon fiancé me demande si je suis d'accord pour y rencontrer un prêtre de sa connaissance. Pourquoi pas ? Je me souviens de cette première fois. Ce prêtre est espagnol et il est âgé d'une quarantaine d'années. Il porte la soutane. Cela commence par un quiproquo. J'ai rendez-vous avec lui. On me fait attendre dans une belle pièce. Je patiente pendant une heure. Lui aussi, mais pas au même endroit car ni l'un ni l'autre n'a été prévenu de notre arrivée mutuelle.

Nous en avons ri. L'atmosphère était détendue. Nous avons parlé mariage, enfants, famille, religion, foi. Rien, absolument rien dans cette conversation ne m'a semblé bizarre. À aucun moment l'Opus Dei n'a été abordé. J'aurais pu aiguiller la discussion sur le sujet, car il y avait un peu partout dans la pièce des brochures avec la photo de Mgr Escrivá, l'omniprésent fondateur. Quand je lui ai juste demandé si le centre culturel était catholique, il m'a répondu par l'affirmative, me demandant si j'avais déjà visité la chapelle. Je lui ai répondu que non, je ne savais même pas qu'il y en avait une, et nous en sommes restés là. Rien de plus. Juste le confessionnal et la chapelle, qu'à la fin de notre entretien une femme m'a emmenée visiter. En y entrant, celle-ci a fait une génuflexion bien marquée et un signe de croix. J'étais très empruntée, je l'ai donc imitée. C'était une petite pièce, avec un autel contre le mur, des bancs sur deux ou trois rangées. Le tabernacle était recouvert de tulle blanc, et une petite lumière rouge indiquait la « présence réelle », le fait que l'hostie consacrée, donc le corps du Christ, se trouvait à l'intérieur. La fenêtre était faite de vitraux, et la pièce était assez sombre. C'était la première fois que je voyais une chapelle dans un appartement. La femme m'indiqua une porte sur la gauche, à l'entrée de la chapelle, et me dit que c'était le confessionnal. C'était une numéraire, évidemment, mais alors j'ignorais jusqu'à l'existence de ce mot.

À l'époque, je ne savais pas non plus que mon fiancé s'était engagé dans l'Œuvre. Il ne m'en avait lui-même rien dit, le prêtre non plus ne m'en a pas parlé, et pourtant il le savait. C'est même sans doute avec lui qu'a dû se faire le contrat entre l'Opus Dei et mon mari. En tout cas, la politique de ce prêtre a été de me laisser dans l'ignorance. Nous avons en revanche parlé des difficultés que notre mariage posait à ma belle-famille. En effet, mes futurs beaux-parents étaient opposés à notre union. Pour eux, leurs enfants devaient rester vivre à leurs côtés. Une étrange philosophie qu'ils avaient néanmoins réussi à imposer à leur entourage puisque mon mari, à vingt-cinq ans, a été le premier de six enfants à se marier. Tous les autres n'avaient pas encore quitté le nid familial ! Ils n'assisteront d'ailleurs pas à la cérémonie, pas plus qu'ils ne viendront au baptême de notre premier bébé.

Face à l'hostilité des parents de mon fiancé, le prêtre nous conseille de patienter une année. Je ne vois pas cela de cette façon, arguant que de toute manière une année de plus ne changerait rien. On pourrait bien attendre dix ans qu'ils refuseraient toujours. Mais le prêtre de l'Œuvre insiste. Il me dit que je ne suis pas prête. Prête à quoi ? Sans doute pour l'Opus Dei. Car pendant cette année d'attente, cet homme me conseille de suivre des cours de doctrine. Il s'agit d'un genre de catéchisme pour adulte, avec questions existentielles et morales. Une jeune fille espagnole me dispensera cet enseignement une ou deux fois par semaine.

A posteriori, je pense que cette rencontre avec le prêtre n'avait pour but que d'évaluer ma capacité à être enrôlée en même temps que mon fiancé.

Il est tout de même étonnant, alors que l'on fréquente quelqu'un en vue de l'épouser, que celui-ci vous cache un engagement aussi important ! C'est déjà bâtir un projet de mariage, un projet de famille, sur des cachotteries, des secrets ! L'Opus Dei, par le silence du prêtre sur la vocation de mon fiancé, s'est prêté à cette manipulation, la première d'une longue série. Naïve que j'étais ! Le mariage était secondaire. Ce qui importait, c'était de me former de manière à s'assurer que mon futur mari n'aurait pas à subir les foudres d'une épouse récalcitrante. Mais en ce début 1983, j'ai tout juste vingt ans et je suis loin de soupçonner tout cela. Pour moi, une seule chose compte : je vais me marier.

Les cours de doctrine sont intéressants. Certains points me choquent. Ce sont par exemple les questions de l'infaillibilité du pape, de l'exclusivité de la vérité dans la ligne apostolique ; mais surtout, ce qui me taraude, c'est la question du mal, que Dieu l'ait permis, du lien de ce mystère avec notre liberté, si nous en disposons seulement, de la prédestination de toutes choses avec une création qui me semble d'emblée problématique. Il y a aussi le refus de l'ordination des femmes qui me pose problème, ou encore la richesse de l'Église côtoyant la misère. J'ai droit à toutes les réponses standard sur ces sujets, réponses répétées à l'identique quand je renouvelle mes questions.

Très vite, je me rends compte que je dois juste écouter en silence et approuver. Si je manifeste une incompréhension, mon enseignante me dit de faire confiance, de m'abandonner au mystère. Si par hasard je ne suis pas d'accord avec un enseignement, ce qui arrive souvent, elle balaye le problème. Je dois comprendre, admettre que j'ai tort, et me plier à la vérité. Lors des cours de catéchisme approfondis pour adultes, des questions existentielles telles « Dieu existe-t-il ? », « Quel est le sens de la vie ? »... sont posées. D'un point de vue intellectuel, cela me convient tout à fait et m'intéresse. Que Mgr Escrivá soit cité très souvent, cela ne me dérange pas non plus. Je mets toutes les citations dans le même panier, n'ayant que très peu de culture religieuse. Mais je reste un peu sur ma faim, puisque j'ai vite compris la règle du jeu : ne pas contredire. Donc, je reçois cette formation, je dis oui à tout, ou plutôt je ne dis rien.

J'aurais pu arrêter et avouer que ces cours ne m'apportaient rien, que je perdais mon temps. Mon extrême docilité peut paraître incompréhensible. Mais cette fille espagnole, je l'aime bien, nous sommes devenues amies. Elle se donne du mal pour moi. Je ne veux pas lui faire de peine.

Avec l'expérience, je comprends l'importance du vecteur humain sans lequel l'Opus Dei ne parviendrait à harponner personne ou presque. Psychologiquement, l'« amitié » joue un rôle majeur pour susciter de nouvelles vocations.

Début 1983, mon fiancé me fait franchir l'étape décisive. Sur ses conseils, je participe au printemps à une nouvelle expérience. L'Univ – c'est son nom officiel – m'est d'abord présentée comme un voyage culturel à Rome, où l'on pourra bénéficier d'une audience avec le pape. Au centre Le Rocher, on me confirme qu'il serait bon que j'assiste à ce rassemblement. Quelques-unes des filles que j'y côtoie, très excitées, sont heureuses de pouvoir s'y rendre. Je participe à cette euphorie, et mes parents m'offrent le voyage. L'Univ est en fait la réunion à Rome de jeunes membres ou proches de l'Opus Dei. Mais cela aussi, je l'ignore.

La mixité ne fait pas partie du programme. Les garçons partent de leur côté, les filles du leur. Je regrette un peu de ne pas pouvoir partager cette aventure avec mon fiancé. Mais je me dis que ce sera d'autant mieux lorsque nous nous retrouverons. Nous aurons plein de choses à raconter et à échanger. C'est la première fois que je vais en Italie. Je ne suis pas habituée à voyager. L'ambiance est sympathique, légère, agréable, pleine de rires. Nous sommes un groupe d'une dizaine de filles. Dans le train, on chante, on se raconte des blagues. N'ayant jamais fait de colonie ou de camp, cette joyeuse collectivité est toute nouvelle pour moi et me plaît d'emblée. Je ne me souviens pas des détails, seulement d'un climat très bon enfant en apparence.

C'est dans cet état d'esprit que je débarque à Rome. À première vue, l'Univ ressemble un peu aux actuelles JMJ, ces Journées mondiales de la jeunesse qui ont lieu tous les deux ans dans une grande ville. C'est une occasion de mêler des jeunes de toutes nationalités pour une semaine de « séminaire » touchant à des sujets de société. À Rome les participants peuvent voir de loin le pape ; ils bénéficient également d'un programme de visites touristiques dans la capitale italienne. S'ajoute à cela toute une série de messes, causeries, méditations et confessions. Sans oublier les invitations dans différents centres de l'Œuvre, et une grande réunion avec le prélat de l'Opus Dei.

Dès le début de mon séjour, une des femmes accompagnatrices s'occupe de moi avec bienveillance. Elle est plus âgée que moi, c'est un peu la « cheftaine » du groupe. Elle me donne l'impression de m'être entièrement dévolue et dévouée. C'est une adulte qui inspire le respect. Je lui confie mon futur mariage, mon envie d'enfants, je lui parle de mes études. Elle m'écoute. Elle s'intéresse à ma vie, à mes projets d'avenir. Au fil du temps je finis quand même par la trouver « collante ». Elle m'étouffe. J'ai besoin d'air, besoin de faire la connaissance d'autres filles, de me perdre dans Rome tout en dévorant de délicieuses *gelati*.

Mais elle est toujours là. C'est elle que je rencontre au détour d'un couloir de la maison où nous logeons, et elle entame la conversation. À la sortie de la chapelle, où ont lieu messes et méditations, elle m'attend, afin de savoir ce que j'ai pensé de ce que nous a dit le prêtre. De plus en plus, les conversations tournent autour de la foi, de la religion, de la vocation. Ma vocation. Elle me parle toujours en filigrane de l'Opus Dei, m'explique que c'est un moyen de sanctification par le travail. Elle me conduit à me poser la question de l'appel de Dieu.

En parallèle, en plus des conférences propres au congrès, il y a quotidiennement des activités spécifiques. Le tout orienté vers l'Œuvre. Je ne me suis jamais interrogée sur une éventuelle vocation. Le sens de ma vie, c'est de me marier, d'avoir des enfants. Pour le moment, je suis en plein là-dedans. Plus tard, ce sera peut-être différent : travail, vie associative, je ne sais pas... Mais à Rome, l'univers dans lequel on m'a immergée, comme cette « accompagnatrice » a su le faire, bouleverse mes certitudes en agitant à tout propos la question de ma vocation. La conversation revient en permanence sur la spécificité de l'Opus Dei : rester laïque, vivre dans le monde, se sanctifier par le travail, par l'amour du travail bien fait, être sainte au milieu des autres. J'écoute, tout en me disant que pour cela il n'y a pas vraiment besoin d'avoir une vocation particulière, mais, par politesse, j'acquiesce, je prends part à la conversation. J'écoute d'une oreille un peu distraite, laissant parler ma « bonne fée », attendant qu'elle s'arrête.

Puis, après elle, c'est au tour du prêtre de nous poser les mêmes questions durant les messes et les méditations. Dans la chapelle, après chaque activité, nous avons la possibilité de parler avec un prêtre et de nous confesser. Nous y sommes d'ailleurs chaudement encouragées. J'ose alors une première confession, du moins la première de ma vie d'adulte. La précédente remonte à l'époque de ma préparation à la confirmation, dans l'église de mon village. Cette confession d'antan ne m'avait d'ailleurs pas déplu. Je me rappelle en être sortie joyeuse, racontant même à mes copines combien elle m'avait fait du bien.

Là, toutes les filles se dirigent à tour de rôle vers les confessionnaux. Je ne veux pas me faire remarquer, donc moi aussi je m'en approche. Je suis un peu craintive car je ne sais pas trop comment m'y prendre. Et surtout, je ne sais pas quoi dire. Tout cela, je le confie au prêtre. Et c'est lui qui va m'aider. Il me pose toutes sortes de questions sur moi, mes études, mes faiblesses, mes désirs. Juste avant de conclure, mon confesseur se met lui aussi à me parler de vocation. Et c'est reparti ! Est-ce que je m'interroge sur ce que je suis ? Oui ? Alors c'est sans doute que j'ai la vocation. Il me demande de réfléchir, de regarder au fond de moi. Je suis quand même troublée. Ces différentes personnes qui, chacune à sa manière, abordent le même sujet, tout cela m'interpelle. Suis-je candide... ? Sûrement. Toujours est-il que pas une seconde je ne pense que tout cela puisse être orchestré. Pourquoi d'ailleurs devrais-je douter de ces filles ?

Je ne sais pas encore que certaines appartiennent à l'Opus Dei, tandis que d'autres, comme moi, sont des recrues potentielles. Si j'avais su qui était et qui n'était pas de l'Œuvre, j'aurais sans doute remarqué l'uniformisation vestimentaire des membres. Mais j'ignorais tout de cela, et pour moi c'était simplement une foule. L'intérêt que l'on me porte me semble assez naturel : nous faisons connaissance, donc nous nous posons mutuellement des questions. Comment s'apprécier, sinon ? L'ambiance catholique ne m'effraie pas et ne me choque pas non plus. Je suis juste un peu dépaysée. Tout cela m'apparaît donc normal. Nouveau, original, mais normal. Je ne suis pas inquiète. La messe en latin ? C'est dépassé, je le sais, mais l'on me dit que c'est uniquement pour simplifier les choses car, beaucoup de nations étant réunies, le latin est plus universel. Encore une fois, je trouve cela logique.

Avec le recul je me rends compte que tout cela était rondement mené et psychologiquement bien ficelé. Tout était dirigé d'une main de maître. Une main de fer dans un gant de velours, dirait-on.

Alors le 1er avril 1983, je plonge. Je « siffle » plus exactement. « Siffler » ? Dans le jargon de l'Opus Dei, c'est faire acte officiel de candidature en envoyant au prélat, à l'époque Mgr Alvaro del Portillo, une demande d'admission, sous forme d'une lettre de motivation. Je me revois encore. Je suis assise à une table dans l'une des chambres de la maison où nous logeons à Rome. Sur la table, il y a du papier et un stylo. Près de moi se tient celle qui m'a accompagnée durant tout le voyage. Je ne sais pas quoi écrire. Je ne me sens pas du tout inspirée. En fait, au fond de moi, je n'ai aucune envie d'écrire ce courrier, mais je n'ose pas l'avouer puisqu'on me dit que j'ai la vocation et que je suis appelée à la sainteté. Mon papier reste blanc un long, un très long moment. Comme en-tête, ai-je écrit « Cher Père » ou « Monseigneur » ? Je ne me souviens pas. Je ressemble à la mauvaise élève devant sa copie qui, n'ayant pas appris sa leçon, essaie vainement de noircir sa feuille, cherchant au fond d'elle ce qu'elle pourrait bien écrire sans avoir l'air trop nulle. L'Opus Dei, sa spiritualité m'attirent, c'est certainement ce par quoi j'ai commencé cette lettre. Mais surtout, j'écris ce que cette femme me suggère. Enfin, c'est fini. La lettre est terminée, je la lui remets. Elle me félicite et m'embrasse. Voilà mon destin scellé. Je ne me souviens de rien d'autre !

J'aurais pu dire non, mais je ne l'ai pas fait. J'ai été inerte, dans un état de léthargie indéfinissable et incompréhensible.

À mon retour de Rome, je ne parle à personne de cette nouvelle appartenance, sauf évidemment à mon fiancé, qui se réjouit lorsque je lui dis que j'ai « sifflé ». C'est à ce moment, sur un quai de gare, qu'il m'annonce que lui aussi a franchi le pas six mois auparavant... ! Il déborde d'enthousiasme en évoquant nos vocations respectives. C'est loin d'être mon cas.

Je me confie, à demi-mot, à ma mère, ne lui disant pas que je fais partie de l'Opus Dei, mais juste que je fréquente ses membres. On m'a d'ailleurs conseillé de ne rien dire, car, selon mes nouvelles amies, les gens ne connaissent pas l'Œuvre et peuvent ne pas comprendre mon engagement, voire, par ignorance, s'y opposer. Ma mère s'étonne et prend des renseignements auprès du curé de la paroisse, qui lui dit de ne pas s'inquiéter. Il ne connaît guère cette institution, mais, après tout, elle est reconnue par l'Église catholique, par Rome, donc cela doit être très bien.

Tout est allé trop vite. Je suis jeune, pas assez mature, timide. Qui sait ? Il ne tenait qu'à moi de dire non. Mais dans le contexte dans lequel j'étais, pouvais-je agir différemment ? Certainement puisque je n'étais pas la seule à être démarchée. D'autres ont su refuser. Moi, je me suis laissé faire. J'ai été d'une passivité consternante !

Je pensais dès les premiers jours que plus rien ne serait comme avant. À peine ma signature apposée au bas de ma missive, je n'intéresse plus mon « ange gardien ». Elle disparaît, considérant sans doute sa mission accomplie. Le poisson est ferré, elle peut aller en « pêcher » un autre. Dès le lendemain, je me sens piégée. Je suis seule au moment où j'aurais le plus besoin de parler, mais tout le monde semble s'être éclipsé. Le choc est assez rude.

Curieusement, après avoir écrit ma lettre au prélat, certaines filles se mettent à me saluer par un «*Pax!*», auquel je réponds par un «*In aeternam!*». J'avais été briefée par mon accompagnatrice : c'est le signe de reconnaissance des membres de l'Œuvre entre eux. Comment savent-elles que j'ai demandé mon admission ? Je ne les en ai pas informées, elles l'ont donc été par quelqu'un d'autre ! Elles ont dû suivre mon avancée de loin, dans l'ombre, et ont sans doute prié pour ma vocation. C'est comme si tout s'était tramé derrière mon dos. J'ai le sentiment d'avoir été un objet d'expérience, une souris de laboratoire. Cette situation me met mal à l'aise, et entame quelque peu la confiance que j'ai pu mettre dans mes « amies ». Bien entendu, de cela je ne parle pas, comme toujours ; je ne dis rien, je fais bonne figure.

Avant même mon retour de Rome, je commence à regretter sincèrement d'avoir écrit cette fichue lettre de postulation. Quelle idée ! J'ai de plus en plus l'impression de m'être fait berner. Un peu comme lorsqu'on achète un produit dont on n'a pas besoin. Je me sens trompée, abusée. Et cet engagement que j'ai pris devient vite un fardeau. Je ressens un poids sur mes épaules. Je vis déjà, sans le savoir, le point 994 de *Chemin*, le livre de maximes écrit par le fondateur de l'Œuvre, Josemaría Escrivá de Balaguer : « " J'ai perdu l'enthousiasme ", m'as-tu écrit. Tu n'as pas à travailler par enthousiasme, mais par amour, avec cette conscience du devoir qui est abnégation. » Avec tout de même un bémol : je n'ai pas perdu l'enthousiasme puisque je ne l'ai jamais eu !

On se réjouit pour moi, alors que j'aimerais tant revenir sur mes pas. Mais au lieu de cela, je souris à mes nouvelles sœurs. J'essaye, avec humour, de faire rouler la conversation sur l'erreur d'avoir demandé mon admission. Ayant « sifflé » un 1er avril, je présente ma demande comme étant un poisson d'avril. Je ne suis pas très fière, j'ai envie de me rétracter et, en même temps, j'ai peur de déplaire, de décevoir. Je n'ai pas la force de caractère pour faire marche arrière. Je suis la seule à blâmer.

Dès que je fais part de mes doutes au sujet de ma toute nouvelle vocation, on me parle de combat spirituel. Plus tard d'ailleurs, lors de nombreuses conversations, je confierai que je n'ai pas la foi et que toutes ces pratiques que je dois accomplir tous les jours sont pour moi vides de sens, que tout cela me semble incohérent et illogique. Face à ce déballage, une personne est chargée de me remettre dans le droit chemin : ma directrice spirituelle. Chaque nouveau membre se voit ainsi attribuer un chaperon auquel il doit confier tous ses problèmes, toutes ses questions, de tous ordres. C'est cette personne qui nous conduit sur le chemin... de la sainteté. Car c'est l'objectif ultime de l'organisation, la sainteté ! C'est cette directrice aussi qui nous conseille sur tous les points de la vie quotidienne. C'est elle encore qui suit notre apostolat et ses avancées. Bref, elle est la confidente et la conseillère, celle à qui l'on se doit de ne rien cacher. Une sorte d'inspecteur. Ma directrice de conscience me répondra invariablement que mes questionnements indiquent au contraire que j'ai la foi, mais que Satan, lui, veut me posséder et que, pour lui, tous les moyens sont bons !

Me voilà donc embarquée dans cette galère qui durera treize ans. Treize années d'existence qui se jouent en une semaine à Rome. Une semaine, c'est ce qu'il aura fallu pour faire basculer ma vie. Une semaine, c'est tout de même un peu court pour décider d'une vocation. Quand je regarde en arrière, je m'en veux d'avoir manqué de confiance en moi.

Mais on ne peut pas réécrire l'histoire. Je dois assumer mes choix, et apprendre à me réconcilier avec celle que j'ai été. Ce n'est pas gagné, c'est un travail de chaque jour. Par la suite, je comprendrai les raisons de cet empressement à mon endroit – le prosélytisme, bien sûr, y a sa part. Mais surtout, j'apprendrai qu'il est souhaitable, quand l'un des conjoints appartient à l'Opus Dei, que l'autre en soit aussi. Cela règle bien des problèmes de couple. Est-ce là un appel de Dieu ?

À quoi tient une vocation !

2

Les corrections fraternelles

À peine admise, je découvre un effarant système de contrôle social, qui concerne, entre autres, l'apparence que doit avoir tout membre de l'Œuvre. Ce dispositif vise aussi à interdire toutes les émotions. Les larmes sont prohibées, la tristesse et la compassion proscrites.

Le fondateur de l'Opus Dei l'a écrit dans le point 161 de *Amis de Dieu*, un recueil d'homélies qu'il a prononcées : « Je ne vous cacherai pas que, lorsque je dois corriger ou prendre une décision qui causera de la peine, je souffre avant, pendant et après. Et je ne suis pas un sentimental. Je me console à la pensée que seules les bêtes ne pleurent pas : nous les hommes, nous les enfants de Dieu, nous pleurons. Je comprends que vous aussi, dans certaines circonstances, vous deviez passer un mauvais moment si vous vous efforcez de mener fidèlement à bien votre devoir. Il est vrai qu'il est plus facile d'éviter à tout prix la souffrance, sous prétexte de ne pas faire de peine à son prochain. Mais quelle erreur ! Cette inhibition cache souvent la fuite honteuse devant sa propre douleur car il n'est jamais agréable de faire une remarque sévère. Rappelez-vous, mes enfants, que l'enfer est rempli de bouches fermées. »

Les écrits du fondateur ont le même pouvoir d'injonction à l'Opus Dei que le *Petit Livre rouge* de

Mao aux plus beaux jours de la révolution culturelle chinoise. Le point 161 tient donc lieu de « base théorique » à une pratique aux conséquences très perverses : la correction fraternelle.

C'est une réprimande adressée à un membre de l'Œuvre par un autre après visa de la directrice. L'organisation est en effet très hiérarchisée. La directrice est la numéraire qui a pour charge de gérer un centre de l'Opus Dei. C'est son travail à plein temps. Elle organise les différentes activités proposées par le centre. À ce titre elle commandite aussi les corrections fraternelles.

Cet exercice met en jeu quatre personnes. La première, invitée comme toute adepte qui se respecte à épingler le moindre manquement d'un frère ou d'une sœur, dénonce auprès de la directrice le « défaut » repéré chez une de ses semblables. La faute est en général aussi fondamentale que croiser les jambes à la messe. La directrice charge alors une autre sœur, entièrement étrangère au « délit » constaté, de faire la correction fraternelle à la fautive. La personne désignée n'a pas le choix : elle doit réprimander la sœur visée. Une fois la sanction infligée, la personne mandatée signale l'accomplissement de la correction à la directrice.

On nous apprend dans l'Opus Dei à remercier celle qui nous corrige, et cette dernière doit être reconnaissante, voire honorée d'avoir été choisie pour gronder sa sœur. Inutile de décrire le climat de défiance et de suspicion qui s'installe entre nous, qui sommes tout à la fois délatrices en puissance, victimes de ce climat de suspicion et correctrices en devenir. On se trouve là dans un système tout à fait malsain de dénonciation, de subordination et de méfiance. Un mot m'est souvent venu à l'esprit pour qualifier ce mécanisme : totalitarisme. Comment dans cette ambiance ne pas se sentir épiée, surveillée ? Une espèce de surmoi qui me regarde, me surveille, et qui se tient toujours prêt à punir. Le naturel est chassé, car nous nous devons d'être parfaites, comme l'exigent les écrits du fondateur. Tout relâchement est proscrit. Dans cet univers, comment arriver à s'épanouir et à tisser des liens profonds, et non pas superficiels, comme c'est en réalité le cas entre membres de l'Opus Dei ?

Pour ma part, je reçois ma première correction fraternelle au lendemain de ma demande d'admission. Je suis dans la cour Saint-Damase, au Vatican. Tout l'espace est rempli de jeunes qui chantent à tue-tête « Jean-Paul II, tout le monde t'aime ». L'ambiance est à la joie. Parmi tous ces jeunes, quelque part, il y a mon fiancé. Je le cherche des yeux. Nous ne nous sommes pas vus depuis le début du voyage à Rome. Lui reste avec les hommes, moi avec les femmes – les cloisons sont bien étanches dans l'Opus Dei entre les deux sexes. Ce serait amusant, me dis-je, de le voir parmi cette foule immense ! Tout à coup, des applaudissements éclatent de partout. Le pape est là, parmi nous. Il nous salue de la main et adresse quelques signes de croix. Soudain, un homme s'approche de lui et lui parle. Je n'en crois pas mes yeux, ce jeune homme près du pape, c'est mon fiancé ! Je suis émue jusqu'aux larmes.

C'est alors qu'une jeune femme que je n'ai pas remarquée, et qui se trouve à quelques centimètres de moi, me fait la leçon d'une manière cinglante. Je ne comprends pas ce qu'elle me dit ni pourquoi elle me le dit. Elle me reproche mon émotion visible, me dit que ce comportement n'est pas digne d'une membre de l'Œuvre, qu'il faut savoir se contrôler, se tenir. J'accuse le coup. Je me demande comment elle sait que je suis de l'Œuvre puisque je viens tout juste de « siffler ». Elle ne me connaît pas et moi, je ne l'ai jamais vue.

Toujours est-il que ce jour-là, je reçois sans le savoir ma première correction. Une réprimande en temps réel puisque ma sœur n'a pas jugé utile de me dénoncer à une supérieure. Il est vrai que, nouvelle recrue, je n'ai pas encore de directrice. Légitimement émue de revoir mon fiancé, de le voir en plus au côté du pape Jean-Paul II, lui parlant, j'ai été sèchement réprimandée : « À l'Opus Dei il n'y a pas de place pour le sentimentalisme, il faut savoir se tenir ! ».

Je ne sais pas si le terme de « correction fraternelle » est tout à fait adéquat pour cette anecdote car cette réprimande m'a été faite – du moins je le pense – directement par la personne qui en était témoin, une numéraire belge ! Mais cela illustre bien la censure, et l'autocensure, qui existent au sein de l'Opus Dei concernant les sentiments. Tout le travail consiste à nous rendre inhibées, à faire de nous des personnes dépourvues de sentiments, froides, sans réactions... Nous perdons ainsi une part de notre humanité. Je découvre que les corrections n'ont que rarement un contenu spirituel, et je m'en étonne. Ce qui retient l'attention de mes « sœurs » relève du domaine vestimentaire, cosmétique... Très vite, j'essuie des réflexions désagréables sur mes vêtements alors qu'avant mon admission on ne m'avait jamais adressé la moindre remarque.

Dès mon retour d'Italie, on me conseille de porter des jupes ou des robes plutôt que des pantalons, dont le port est considéré comme provocant (!) et antiféminin. On me recommande de me maquiller : rouge à lèvres et fond de teint. L'Opus Dei doit présenter la façade la plus proche possible de la perfection. Et moi, avec mes cheveux dans les yeux, l'absence de maquillage, je ne présente pas bien, je donne une image peu soignée. En gros, je suis moche, il faut que je m'arrange. Pas très bon pour l'ego et l'estime de soi.

Lorsque je tente rouge à lèvres et fond de teint, je ne me sens pas à l'aise : l'image que me renvoie le miroir, ce n'est pas moi. Avec tout ce fard, je me sens mal dans ma peau. En plus, je suis allergique à beaucoup de cosmétiques. Donc la question est vite réglée, je ne changerai pas d'un iota mon apparence extérieure. Tout au plus rajouterai-je une ou deux barrettes dans mes cheveux. De plus, je ne vois pas l'intérêt de forcer quelqu'un à se maquiller. Pourquoi devrais-je changer ma façon d'être ? Pourquoi ces conseils ? Je fais de la résistance. Résistance passive, mais résistance quand même. Je me retranche derrière des prétextes pour ne pas obéir à certains préceptes opusiens – osons le néologisme – car je n'ai pas le courage de dire non. Je n'ose pas l'affrontement. Ma directrice spirituelle accepte mes excuses d'allergie, me signalant discrètement qu'il doit exister des produits qui me conviennent. Je ne l'entends pas, et reste sur mes positions. Ma salle de bains ne regorgera pas de produits de beauté en tout genre.

Il n'empêche, je n'ai pas osé m'affirmer. Pourquoi ? La crainte de déplaire, peut-être, la peur d'être différente des autres ? Là encore, je n'ai pas de réponse. Mon comportement, avec le recul, me semble insensé. Pourtant, il est hélas bien réel. Et je le reproduirai souvent, durant ces treize ans.

Dans les années quatre-vingt-dix, j'habite en Suisse, et les sessions de formation auxquelles tout membre est tenu d'assister ont lieu dans les différentes villes de la Confédération. Un jour, je dois prendre le train pour aller à une retraite à Zurich. Il fait très chaud, et je porte une jupe avec un débardeur décolleté et sans manches, tout à fait décent selon moi. À la gare, je retrouve une numéraire avec qui je fais le voyage. Durant tout le trajet, elle ne cesse de détailler ma tenue, de me dévisager. Je suis de plus en plus mal à l'aise, et je finis par me dire que oui, je suis sans doute impudique de montrer mon décolleté et mes bras. Je commence à culpabiliser. La numéraire ne me fait aucune remarque, aucune allusion, mais il est impossible d'ignorer son regard. En arrivant à Zurich, je change immédiatement de tenue.

Quelle n'est pas ma surprise d'être ensuite appelée par la directrice du centre qui me demande de faire une causerie aux autres retraitantes sur la tenue et la modestie vestimentaires ! Le compte rendu sur mon débardeur a donc été effectué, et tout de suite la directrice a su comment réagir. Je suis piégée. Je dois m'autoflageller en public. Un procédé extrêmement pervers.

Mais je vais connaître bien pire plus tard.

Comme ce jour terrible où j'ai invité une amie avec son bébé âgé de trois mois. C'est son premier enfant. Un petit garçon. J'ai moi-même une fille à peu près du même âge, mais c'est ma cinquième. Nous passons la matinée à faire du shopping. Puis j'invite mon amie à venir déjeuner à la maison. À midi, nous nous occupons de nos bébés et les couchons chacun dans une chambre pour la sieste. Nous cuisinons des pizzas. À un moment donné, je vais dans la chambre où dort le fils de mon amie. Je trouve que le bébé est très pâle, je me dis même que l'on dirait un mort, mais je pense : « N'importe quoi, ses parents eux aussi sont assez pâles. » Pour je ne sais quelle raison, peut-être tout simplement pour me rassurer, je reste un moment à regarder le bébé. Il est très calme. Sa petite couverture monte et descend au-dessus de ses épaules. Il respire donc. Je quitte la chambre sans faire de bruit. Je suis rassurée.

Mon mari nous rejoint pour le repas. Nous déjeunons, prenons le café et discutons de choses et d'autres. Mes deux filles qui ne sont pas encore scolarisées les après-midi sont avec nous... Après le repas des parents, c'est au tour des bébés de manger. Mes deux filles jouent au salon. Avec mon amie, nous allons chercher les petits pour la tétée. Je remonte avec ma fille dans les bras, quand j'entends mon amie hurler que son bébé est mort. Je me précipite vers elle. Je pose ma fille et je prends le bébé de mon amie. Il est comme une poupée de son, il n'a plus aucune réaction et son teint vire au bleu. Mon mari appelle les secours et le papa pendant qu'avec mon amie nous tentons un massage cardiaque. Mes deux autres filles regardent la scène. Je n'ai pas eu, ni personne d'ailleurs, la présence d'esprit de les éloigner. Nous faisons ce que nous pouvons, le bébé régurgite un peu suite au bouche-à-bouche, nous espérons que c'est un bon signe. Nous ne parlons pas ou très peu. L'ambulance arrive rapidement, mon amie habille son fils d'un manteau, elle ne veut pas qu'il prenne froid, et ils partent vers l'hôpital.

Le temps semble s'être arrêté, suspendu. Je vois tout au ralenti. Quand mon mari et moi arrivons à notre tour au centre hospitalier, on nous apprend que le bébé est décédé : mort subite du nourrisson... Les parents sont anéantis. Nous ne savons que dire et que faire. Je me sens démunie, désemparée, inutile. Je suis révoltée, et surtout, je m'en veux.

Quand je suis rentrée dans la chambre où le petit dormait, était-il déjà en détresse ? Et si je l'avais secoué, serait-il mort à l'heure qu'il est ? Je revois mes gestes, mes pensées et mon intuition que quelque chose clochait. Mais je n'ai pas pris le temps de vraiment bien regarder, je me suis fiée à de l'à-peu-près, je suis hantée par ce petit visage si pâle. Je suis démolie, et obsédée par cette culpabilité de n'avoir pas fait ce qui aurait pu peut-être sauver une vie. Je me sens coupable d'avoir cinq enfants alors que mon amie vient de perdre son unique bébé.

Le soir même, je dois aller à Genève à une réunion appelée « cercle ». Chaque semaine, les surnuméraires doivent y participer pour entendre une causerie dispensée par une numéraire sur une des vertus chrétiennes. Je téléphone pour annoncer que je ne viendrai pas étant donné les circonstances. On me rétorque qu'au contraire cela me fera du bien, qu'il faut que je fasse cet effort. Je m'y rends donc, dans l'état que l'on peut imaginer. Je suis accueillie d'une étrange manière. La directrice du centre me sermonne car une membre de l'Œuvre se doit d'être joyeuse et de faire bonne figure. Elle m'accable de reproches : mon comportement n'est pas digne d'une surnuméraire, j'ai l'air complètement décomposée, ma réaction n'honore pas l'Opus Dei.

Pas une parole de réconfort, pas un mot de consolation. Je n'ai pas ce soir-là la force de me défendre, de répondre aux critiques. J'encaisse, balbutiant des « oui, oui ». Je suis anéantie. Je ne me souviens plus du retour vers Lausanne, tant je suis alors dans un état second.

Par la suite, révoltée par la mort du premier-né de mon amie, et avec toutes les questions qu'un tel drame soulève, je m'en ouvre, lors d'une confession, à un prêtre de l'Œuvre. Je lui raconte tout. Je lui dis mon sentiment de culpabilité, que peut-être, si j'avais écouté mon intuition, le bébé serait encore vivant. Pourquoi la mort de cet enfant plutôt qu'un autre ? Je lui avoue aussi que je n'arrive plus à parler à ma dernière fille, qu'inconsciemment peut-être je lui en veux d'être toujours vivante. J'ai besoin qu'il m'aide, qu'il me comprenne, qu'il m'explique ce qui se passe, qu'il m'accompagne sur un chemin d'acceptation.

Je reçois une réponse qui m'anéantit. Ce prêtre me réplique que je suis « au ras des pâquerettes », que je n'avance pas et que ma réaction est tout à fait indigne d'une membre de l'Œuvre, que je n'ai encore rien compris. Je n'ai d'ailleurs toujours pas compris !

Personne non plus ne s'inquiète pour mes deux filles témoins du drame. Mon mari se conduit avec la même froideur que les numéraires. Personne ne me conseille quoi que ce soit. Tout le monde s'en fout. Cette tragédie restera dans le non-dit. Je me suis retrouvée seule dans un monde incertain.

Pourquoi n'ai-je pas explosé ? J'aurais dû m'insurger contre ces comportements innommables. Mais à l'époque, je suis sonnée, groggy. Je souffre encore plus après cette confession qu'avant. Je me pose des questions : suis-je anormale ? Pourquoi suis-je la seule à vivre très mal ce décès ? Pourquoi tous les autres ne font-ils cas de rien ? Suis-je donc si faible ?

C'est en tout cas, me dis-je, la dernière fois que, dans l'Œuvre, je me livre en vérité à un prêtre. À la suite de cet épisode, mon rapport à l'Opus Dei ne sera plus que de norme et de surface. Rien de plus. Mon désir de quitter l'Œuvre est de plus en plus présent, mais je reste quand même. Pour l'instant.

Car je crains une réaction violente de mon mari si je quitte l'institution. Celui-ci s'est déjà déchaîné plus d'une fois. La première dont je me souvienne se situe aux alentours de l'année 1985. Ne ressentant personnellement aucun intérêt pour l'Opus Dei, ne m'y trouvant pas à ma place et de plus étant fatiguée par les multiples contraintes, j'envisage sérieusement de passer de l'état de surnuméraire à celui de coopératrice, moins contraignant. En effet, je dois me rendre toutes les semaines à Genève avec mes enfants en bas âge pour participer aux sessions de formation. La coopératrice est une personne lambda, même non chrétienne, qui participe moins fréquemment à des enseignements, et qui, si elle le souhaite, peut aussi apporter une aide financière. C'est un compagnon de route plus qu'un membre. Je m'en ouvre donc à mon mari qui me répond, comme cela va devenir la règle : « Tu ne peux pas me faire ça, je te l'interdis ! » en criant. Comme si c'était à lui que je faisais quelque chose ! Je n'évoquerai plus la question avant longtemps.

Une autre fois, je me souviens, nous avions déménagé dans notre maison, ce devait être en 1990 ou en 1991, nous étions dans la chambre, mon mari à son bureau et moi rangeant des vêtements. Ce devait être un soir ou un week-end. De manière détachée, je confie à mon mari que je ne pense pas avoir la vocation et qu'il me paraît plus opportun de devenir coopératrice. Une façon de ménager la chèvre et le chou. Mon mari lève la tête et me fusille du regard, puis il entre dans une colère monstre, hurlant que je ne peux pas renier ma vocation, que je ne peux pas « lui faire ça », que je suis de l'Opus Dei et que c'est ce qu'il faut, qu'il ne veut plus entendre parler de cela. Le tout accompagné de cris et de gestes à vous clouer sur place. J'ai eu peur. Mon mari ne supporte pas la contradiction, tout comme son propre père. Face à un désagrément, il sort de ses gonds.

Je crains aussi le regard des autres. Ai-je peur de perdre les seules attaches que j'ai, ou que je crois avoir ? Oui, sans doute. Mais j'ai de plus en plus de mal à comprendre et à accepter l'irrationalité de mon comportement.

Durant les six mois qui suivent la mort du bébé de mon amie, je ne peux pour ainsi dire pas parler à ma fille. J'assume auprès d'elle le strict minimum. J'ai perdu le rapport mère-enfant qui m'a toujours semblé si naturel. Je n'ai jamais connu un tel malaise avec mes autres enfants. Là, je ne sais pas ce qui m'arrive, je ne parviens pas à reprendre le dessus. C'est plus fort que moi et c'est difficile à expliquer.

Quelque temps plus tard, une membre de l'Œuvre perd, elle aussi, son bébé au terme de sa grossesse. Extérieurement elle reste très digne, très souriante même. Je ne peux pas juger, j'ignore ce qu'intérieurement elle vit, mais ceux qui la croisent ne peuvent pas se douter du drame qu'elle traverse. Néanmoins on me demande, à moi, de lui faire une correction fraternelle sur son manque de joie ! Je ne la ferai jamais. Par chance, on ne s'est pas inquiété de savoir si j'avais obéi. J'ai dû passer entre les gouttes, heureusement. En me demandant de corriger cette surnuméraire, on me reproche indirectement mon comportement après la mort du petit garçon de mon autre amie. Et, de ce fait, je dois rapidement changer d'attitude pour être en adéquation avec la correction que je dois administrer. On touche là le comble de la perversité.

Ces deux drames montrent la cruauté collective dont est capable cette organisation étrange. Mais ils n'illustrent pas l'ensemble des corrections fraternelles qui concernent surtout des broutilles. Ainsi, mon mari, pourtant zélé, a lui aussi subi une correction fraternelle dont il m'a parlé, tant il en avait été offusqué. Pour qu'il s'en ouvre à moi, malgré l'étanchéité existant entre les sections masculine et féminine, il fallait vraiment que cette correction dépasse les bornes.

Nos enfants, garçons et filles, fréquentaient les clubs de l'Œuvre. Ces clubs se tiennent dans ses centres et parfois chez des surnuméraires. Il s'agit très banalement de regrouper des garçons ou des filles à partir de huit ans et de les occuper à des activités, manuelles ou sportives. Bien entendu, ces clubs ne sont pas mixtes. S'ajoute à cette formule classique un volet spirituel, sous forme de causeries, méditations, agrémenté de confessions, le tout confié à la prélature de l'Opus Dei. Cette précision est aujourd'hui indiquée sur les prospectus des clubs. Mais il n'en a pas toujours été ainsi. En réalité, il n'y a pas que la formation spirituelle qui relève de l'Opus Dei, mais tout : le lieu, les animateurs... En cela, je trouve malsain de ne pas annoncer la couleur dès le départ, et de cacher sciemment la réalité. On retrouve là une autre spécificité : la dissimulation. Une façon d'agir pour le moins discutable. Mais si l'on se réfère aux points concernant le chapitre « tactique » de *Chemin*, on découvre que le fondateur lui-même conseille à ses membres d'avancer cachés.

Donc, l'un de nos fils, âgé de neuf ou dix ans, aperçoit à la sortie d'une messe le numéraire qui s'occupe de lui pendant le club. Mon fils court vers lui et veut l'embrasser. Il est sèchement repoussé, et le numéraire lui serre la main. Tout aurait pu s'arrêter là. Mais au cercle suivant, mon mari reçoit une correction fraternelle. Notre enfant est trop affectueux, trop tendre, ce qui pourrait révéler un penchant pour l'homosexualité. Il nous faut donc, explique le numéraire, nous montrer vigilants. Notre fils a une dizaine d'années ! Comment osent-ils se poser en maîtres de sagesse et assener à des parents des jugements aussi expéditifs ? On peut même se demander si ce ne sont pas leurs propres névroses qu'ils projettent sur les autres...

C'est la seule fois où mon mari m'a fait une confidence sur ce qui lui avait été dit au centre de l'Œuvre qu'il fréquentait ! C'est dire si l'abus avait été perçu par lui comme manifeste. Mais là encore, nous ne nous sommes pas insurgés contre ce jugement.

La dernière correction fraternelle que j'aie reçue date de l'automne 1995 à Couvrelles, un des centres de formation de l'Opus Dei situé dans l'Aisne. Elle concernait la coloration de mes cheveux qui aurait dû être refaite car mes racines foncées « faisaient négligé ». De ce fait, je ne montrais pas une bonne image de l'Opus Dei. Toujours cette fichue vitrine !

Or, il se trouve que cette couleur de cheveux est naturelle, que je ne me suis jamais teint les cheveux, et que je n'y peux rien s'ils se décolorent très vite au soleil. Cette fois, je n'ai pas accepté la correction et je suis allée voir la directrice pour lui exposer mes griefs, lui disant qu'avant d'accuser quelqu'un, il serait bon de se renseigner, et que j'en avais marre de ces sermons. Elle me répondit que de toute façon, cela était bon pour mon humilité ! J'en suis restée estomaquée. Cela ressemblait surtout à de l'humiliation. La directrice aurait pu s'excuser ; non, elle a même trouvé le moyen de se justifier ! L'erreur est humaine mais elle n'est pas opusienne.

L'Œuvre est sainte, parfaite et sans défaut. Elle a toujours raison. C'est quand même fou de vouloir sans arrêt et par tous les moyens développer l'humilité chez ses membres alors qu'elle en est elle-même totalement dépourvue ! Il y a là, pour le coup, une « parfaite » incohérence.

En tout cas, cette fois, c'en est trop. Durant treize ans, j'ai souhaité quitter cette prélature. D'année en année, ce désir est devenu de plus en plus impérieux. Et là, fin 1995, je sais qu'il est temps, que le moment est venu. Enfin, je ferai le pas. Fini le double jeu. Je suis prête. Je le sens, je le sais. Encore quelques mois, et ce sera terminé. Suis-je devenue une autre, ou bien suis-je redevenue celle que je suis vraiment ? En tout cas, ma révolution est en marche. J'amorce une nouvelle vie et je me sens bien. Pourquoi maintenant, pourquoi treize ans après ? C'est un mystère ! Peut-être l'instinct maternel s'est-il mis en marche inconsciemment, à mon insu. Mes aînés ont douze et onze ans. Je ne veux pas que l'Opus Dei touche à mes enfants et en fasse des hommes et des femmes sans sentiments. Je ne veux pas que l'Œuvre s'approprie mes enfants. Je ne veux pas de numéraire dans la famille !

3

Le poids des apparences

C'est l'une des citations que l'Œuvre nous rapporte du fondateur : « Je connais l'âme et le cœur de mes enfants simplement en regardant dans leur armoire. » Il s'agit là d'une appréciation de la personne qui s'appuie uniquement sur l'ordre ou le désordre régnant dans les chemises et les chaussettes. Dans l'Opus Dei, beaucoup, pour ne pas dire tout, relève de l'apparence. Une des maximes favorites de l'Œuvre dit aussi : « Une place pour chaque chose et chaque chose à sa place. » Cette devise devient un motif de harcèlement institutionnalisé. Aussi anodine semble-t-elle, elle revêt une importance presque religieuse, quasi doctrinale. Le paraître est primordial. Tout tourne autour de l'image que l'on projette à l'extérieur. Comme si chaque membre était une sorte de « vitrine » de l'Œuvre. Combien de corrections fraternelles reçues pour une petite voiture traînant dans le couloir ou pour des crayons éparpillés sur un bureau d'enfant ! Ce désordre, insignifiant et même rassurant dans une maison habitée par des petits, est perçu par les numéraires comme la marque d'un laisser-aller qui ne peut résulter que d'une grande confusion intérieure. Mon appartement, ma maison n'étant pas dans un état d'ordre et de propreté parfaits, je manque, me dit-on, à mon devoir de sanctification dans les petites choses de la vie quotidienne. Je dois me corriger.

À mon avis, ce n'est pas par commodité mais dans un but de surveillance que certaines réunions comme la direction spirituelle, appelée aussi entretien spirituel, se déroulent chez les surnuméraires. Elles ont lieu toutes les deux semaines et permettent de réaliser un travail d'inspection. L'appartement est-il ordonné, des meubles sont-ils abîmés ?

Comme toute surnuméraire, je reçois donc régulièrement ma directrice spirituelle, qui doit m'aider à m'élever, à grandir dans ma vocation. C'est elle qui me conseille sur ce que je dois faire pour m'améliorer. C'est aussi elle qui reçoit mes confidences. C'est à elle, et uniquement à elle, que je dois m'ouvrir de mes états d'âme. Cette directrice, je ne l'ai pas choisie, il n'y a entre elle et moi aucun atome crochu. Elle travaille à l'ONU. Toujours maquillée et vêtue de façon stricte, jupe kilt, chemisier, mocassins, cheveux courts bien coiffés, elle a dans les quarante ans. Elle est sympathique quoique rigide, mais c'est une constante dans l'Opus Dei. Je n'ai aucune animosité envers elle, mais ses visites me pèsent. Elle regarde tout sans en avoir l'air. Elle est très directe dans ses questions, sans aucune gêne. C'est ainsi qu'elle m'enjoindra un jour de ne pas regarder les vitrines et boutiques de lingerie !

Ces accompagnements spirituels se doublent donc d'inspections matérielles à peine dissimulées. Avant le passage de ma directrice spirituelle, je me transforme en *Putzfrau*, comme on dit en Suisse allemande. Je traque le moindre grain de poussière, je fais la guerre à la plus infime tache de graisse, et j'entasse illico au fond d'une caisse les jouets que mes enfants ont dispersés un peu partout dans la maison. Comme si un foyer où vivent cinq petits était naturellement impeccable à trois heures de l'après-midi ! Pour le coup, si ma directrice s'amusait à ouvrir mes armoires, elle ne serait pas déçue, et elle connaîtrait l'état réel de mon âme ! Peut-être alors m'écouterait-elle lorsque je lui dis que l'Opus Dei n'est pas fait pour moi et que je n'ai pas la vocation.

Je ne suis pourtant pas d'un naturel désordonné. Je ne suis pas maniaque non plus. Simplement, parce que nous sommes nombreux à la maison, l'ordre est presque une question de survie. Il vaut mieux savoir rapidement où se trouve telle ou telle chose. Mais ce que l'Opus Dei réclame de moi tient plus de l'obsession que de la nécessité pratique. Je vis ces séances de direction « spirituelle » comme une inquisition – matérielle, spirituelle et personnelle. Je prépare ce que je vais dire à ma directrice, un peu à la façon dont on répète un oral. J'ai le vague sentiment que l'on m'épie et que, quoi que je fasse, il y a toujours à redire. Je n'ai pas reçu en treize années d'appartenance le moindre compliment ou encouragement sur quelque sujet que ce soit. Rien n'était jamais assez bien. Même lorsque je m'escrimais à ranger et nettoyer dans les moindres recoins, ma directrice trouvait toujours le petit défaut, le détail que j'avais oublié de « sanctifier ». Par exemple des chaussures pas cirées qui sont rangées dans l'entrée, la vaisselle au fond de l'évier ou sur l'égouttoir, des vitres constellées de traces de doigts enfantins...

Elle me signale que je suis loin d'être parfaite, en soulignant toujours ces petits riens qui font selon elle la différence entre les saints et les autres. Je suis bien loin de la sainteté ! Mais je n'ai jamais eu envie d'être parfaite. Ou alors seulement, comme on dit, « parfaite avec plein de jolis défauts ».

Il n'empêche que, bien des années après avoir quitté l'Œuvre, quand je dois recevoir quelqu'un chez moi, je garde encore ce réflexe de tout ranger. Petit à petit, je me libère de cet esclavage. Je ne m'escrime plus à briquer le moindre couvert. Je vis, et mon appartement suit. Avec le temps, je cesse d'être obsédée par ce que les autres peuvent penser de moi. J'arrête de leur prêter des pensées opusiennes qu'ils n'ont sans doute pas. Mais je suis encore conditionnée par moments. L'esprit de l'Œuvre a fait naître en moi ce sentiment d'être en permanence sous surveillance, dont il faut que je me défasse. Et je suis bien décidée à l'éradiquer.

Peut-être cette façon de toujours démolir l'autre, de toujours mettre en lumière ses failles, ses imperfections, n'est-elle qu'un travail de sape de la confiance. Une manière d'anéantir la personnalité, une manœuvre pour annihiler l'estime de soi. Et ainsi rendre la personne malléable à souhait.

Il y avait dans ces exigences une certaine logique : on me demandait d'ôter le moindre signe de vie chez moi comme c'est le cas dans les centres de l'Œuvre où tout est aseptisé ! Ces lieux sont très propres, trop propres, toujours très bien rangés. Tout brille. Rien ne traîne. Tout est parfait, tellement parfait que cela en devient inanimé. Les centres de l'Œuvre sont morts, l'on n'y perçoit aucune respiration, aucun souffle. Ils sont plus impersonnels qu'un hôpital.

À un échelon planétaire ce même souci du paraître s'est manifesté de manière éclatante avec l'affaire du *Da Vinci Code*. L'Opus Dei a seulement cherché à défendre sa sacro-sainte image, plutôt que la doctrine catholique mise en cause par Dan Brown. On aurait pu s'attendre à ce que l'Œuvre convoque le ban et l'arrière-ban de ses soutiens pour combattre les thèses théologiques alambiquées du best-seller. En effet, cet ouvrage avance des points de vue qui sont naturellement l'objet de débats et de controverses. Ainsi l'auteur prétend que Jésus n'est pas vraiment Dieu : arianisme ; il défend l'idée d'un enseignement caché du Christ : ésotérisme ; il soutient des thèses hardies concernant la famille du Messie... Tout cela se discute, sereinement. Mais il n'y a pas eu de discussion, seulement la présentation aux médias d'une image lisse et le rappel constant au rattachement direct au pape. Un argument d'autorité en quelque sorte.

Quand la sortie du film *Da Vinci Code* a été annoncée, l'Opus Dei a lancé une gigantesque opération « transparence » sur l'ensemble de la planète. À New York, un surnuméraire d'origine africaine, par ailleurs golden boy dans la finance, marié, trois enfants, a été prié de recevoir les journalistes à la chaîne. Il porte, il est vrai, le même prénom que le moine tueur albinos dans le roman de Dan Brown et n'a pas du tout le même profil. En France, plusieurs centres, de Toulouse à Strasbourg, ont organisé des journées portes ouvertes en conviant amicalement la presse.

Tout se passe comme si l'Opus Dei était opusien avant d'être catholique, comme si l'image de l'Église lui importait moins que la sienne propre.

Un autre exemple ? Au Canada, le docteur Pierre Mailloux, médecin psychiatre, répète à la radio que Jésus était un schizophrène. À ma connaissance, aucun membre de l'Opus Dei n'a réagi. Personne dans ses rangs ne s'est levé pour défendre le Christ. Cette prélature ne semble pas être prête à se battre pour son Dieu, mais elle le fait avec exaltation pour sa réputation. Est-elle dans l'Église ? Ou est-elle à part ? Est-elle le nouveau saint des saints ?

Cette obsession du paraître va très loin. Elle entre même en collision avec le désintéressement, l'indifférence à l'argent que devrait manifester une organisation tout entière tendue vers la sainteté. Ainsi, en 1990, nous habitons un appartement de soixante mètres carrés. J'attends mon cinquième enfant quand ma directrice spirituelle me dit que cette fois ce n'est plus possible. Notre intérieur présente vraiment une mauvaise image de l'Œuvre : il nous faut songer sérieusement à déménager. Ce n'est pas la première fois qu'elle me fait cette réflexion, mais aujourd'hui le ton est ferme, impérieux. Cette considération, là encore, relève uniquement de l'apparence. Jamais il n'est question de se préoccuper du bien-être réel de la famille. Seul objet d'inquiétude : si nous invitions quelqu'un et que cette personne apprenait que nous étions de l'Œuvre, cela risquerait de faire mauvais effet. Après la naissance de notre cinquième enfant, nous avons obéi et déménagé pour une habitation plus grande.

Après l'appartement, la voiture. Nous avons alors un vieux minibus Mitsubishi, pas très beau. Il a appartenu en première main à une famille nombreuse qui nous l'a cédé. Il est spacieux, roule bien et ne tombe jamais en panne. Seule la carrosserie, l'aspect extérieur donc, laisse à désirer. Il y a quelques bosses, des éraflures et quelques points de rouille. Les sièges ont vécu, la moquette aussi. Ce minibus nous convient. Pas à l'Opus Dei, puisqu'une numéraire me conseille d'acheter un véhicule de meilleur standing, car celui-ci n'est pas à l'image d'une famille de l'Œuvre ! Nous n'avons pas obtempéré, cette fois, faute de moyens...

Chaque membre doit donc se comporter comme une plaquette publicitaire, chaque famille doit se conduire comme une « famille témoin » à laquelle on a envie de ressembler. Nous sommes en continuelle représentation. Nous faisons notre cinéma, chacun jouant son rôle et s'y tenant. Nous devons être comme les images de papier glacé des magazines : parfaits.

« Un saint triste est un triste saint » est une autre citation très souvent déclamée. Étant sur le chemin de la sainteté, nous nous devons d'être joyeuses en toutes circonstances. Avec ce que nous avons – le Ciel, le Paradis, l'auréole – nous ne pouvons nous permettre la moindre mélancolie. Nous sommes emplies d'espérance, de confiance en Dieu, de joie spirituelle.

La tristesse doit être bannie, sinon quel exemple allons-nous donner aux autres ? Personne n'aura envie de nous suivre si nous tirons des mines de trois kilomètres. Il nous faut donc toujours afficher un sourire radieux. Encore l'apparence, toujours l'apparence. Où est l'esprit de vérité, de franchise ? Perdons-nous la commune humanité lorsque nous appartenons à l'Opus Dei ? Ne sommes-nous plus à l'égal des autres mortels ?

Dès les premiers jours de mon admission à Rome, j'aurais dû être alertée par ce sens de la mascarade : toutes les femmes et les étudiantes présentes à l'Univ sont alors conviées à une réunion avec le prélat, Mgr Alvaro del Portillo. Ce rassemblement a lieu dans une luxueuse propriété de l'Opus Dei, située un peu à l'extérieur de Rome.

Nous voici dans une grande salle. Des numéraires s'affairent fébrilement autour d'une estrade, d'un canapé et d'un bouquet de fleurs. Tout le monde est très excité, j'ai l'impression de me trouver dans une ruche. Chacune espère pouvoir saluer le prélat, le toucher, lui parler, être bénie par lui. C'est ce genre de conversation dont bruit la salle. Je ne comprends pas toute cette frénésie. C'est la première fois que je vis une chose pareille. L'ambiance est électrique, chacune révise sa tenue vestimentaire, sa coiffure et son maquillage.

Ce jour-là, juste avant l'arrivée du prélat, quelqu'un s'approche de moi et, sans solliciter mon avis, me donne un papier. On m'explique que c'est une question qu'il me faudra poser à Mgr Alvaro del Portillo. Je regarde la feuille que j'ai entre les mains. « Ma » question porte sur la confession. Ce n'est pas un thème qui m'enchante vraiment, mais puisqu'on m'a désignée, il me faut bien assumer. Lorsque le micro s'approche de moi, je me lève et pose la question. Je ne comprends rien à la réponse que me fait le prélat car elle est donnée en espagnol et très mal traduite. Mais je fais mine de trouver cela intéressant et le remercie. Je me rassois ; au fond de moi, je me demande à quoi rime toute cette mise en scène, à laquelle en plus je participe activement. Il n'y a pas de place pour la spontanéité. Tout cela est orchestré, préparé d'avance, les réponses, les questions, tout. J'ai l'impression de ne plus être moi, je ne me reconnais pas et, une fois de plus, je ne dis rien, j'encaisse ; je ne m'interdis pas de critiquer intérieurement mais n'ai pas le courage de m'opposer. Je m'en veux. Je manque de personnalité pour résister à ce qui est en train de m'arriver, et en même temps, je me demande si je suis la seule à ressentir tout cela. Je veux partir de Rome, quitter ce groupe, ne plus entendre parler de vocation, de chemin vers la sainteté, d'Opus Dei. Mais je reste, bien sagement. Comme une petite fille.

4

Culte de la personnalité

Le Père, el Padre comme ils l'appellent, est l'idole des opusiens. Leur maître à penser, leur lider maximo, leur conducator. Pas une méditation, pas une messe sans que Mgr Escrivá de Balaguer ne soit nommé ou cité.

À l'Opus Dei, j'ai beaucoup appris sur la vie du fondateur. Je connaissais par cœur les dates importantes de sa vie. Il est né le 9 janvier 1902, il est décédé le 26 juin 1975, et il a été canonisé le 6 octobre 2002, trois années après sa béatification le 17 mai 1999. J'ai eu à lire à peu près tous ses écrits : *Chemin*, *Amis de Dieu*, *Quand le Christ passe*, *Forge*, *Sillon*... Les homélies et méditations des prêtres de l'Œuvre étaient émaillées de citations du fondateur. Je crois, comme je l'ai dit à une numéraire après ma sortie de l'Œuvre, qu'à l'Opus Dei, j'ai plus appris de la vie du père Escrivá que de la vie du Christ.

Le rapport qu'entretiennent les membres de l'Œuvre avec Mgr Escrivá de Balaguer confine à l'idolâtrie. Ses photos sont exposées dans les pièces communes de tous les centres, qui sont les habitations, appartements ou maisons où vivent réunis les numéraires hommes pour les centres masculins, et les numéraires femmes pour les centres féminins. C'est également dans ces lieux que se tiennent les séances de formation, et les clubs destinés aux enfants. Amener quelqu'un au centre est l'un des principaux objectifs de l'apostolat. C'est ainsi que s'établit une certaine confiance entre la membre et son amie. Vient ensuite le temps du prosélytisme.

Le Père, donc, est adulé. Tout ce qu'il a dit, écrit ou fait est porté aux nues, tous ceux qui l'ont connu s'en vantent. Avoir croisé son chemin est presque un label de sainteté. Je me souviens de ma visite à la villa Bruno Buozzi (maison de l'Opus Dei et seul bien de propriété reconnu par l'Œuvre). C'est là que se trouvait le tombeau du Père avant sa béatification. Sur la pierre tombale, dans la crypte, était alors sobrement gravé : el Padre. Il y avait aussi un amoncellement de roses rouges. Je n'ai jamais vu autant de roses dans un même lieu. On m'avait même dit que ces fleurs étaient renouvelées presque quotidiennement.

Sur le tombeau, les fidèles déposaient leur chapelet, leur alliance, des photos... Tous priaient, certains même pleuraient, alors que cela faisait plus de dix ans que le fondateur était décédé. Les visages des personnes présentes près de la tombe du fondateur étaient, pour la plupart, tristounets. Mgr Escrivá devait se retourner dans sa tombe, d'être ainsi entouré par des saints tristes. Des numéraires nous permettaient l'entrée à la crypte ou nous demandaient d'attendre, selon le nombre de personnes qui étaient déjà en train de se recueillir. Il fallait faire la queue. Il émanait de cet endroit une atmosphère étrange que je n'arrive pas vraiment à définir. Il s'en dégageait un sentiment qui se situe entre la morbidité et l'idolâtrie mêlée de superstition. Je ne suis pas restée longtemps près du tombeau, je ne me suis pas éternisée dans cette crypte où j'avais l'impression d'étouffer.

Dans l'Opus Dei on lit beaucoup plus les écrits du fondateur que tout autre ouvrage. J'ignore comment fonctionnent les droits d'auteur concernant ses publications, mais il est certain que le public ne manque pas pour acheter ses livres. Ses moindres paroles sont plus souvent citées que les Évangiles dans les enseignements et dans les conversations, ainsi que dans les cours de doctrine chrétienne. Il est la référence ultime voire unique.

Il y a aussi les films de ses rencontres avec ses « fils » et ses « filles » de par le monde. Ils ont été tournés lors de ses voyages dans différents pays. On le voit gesticulant et racontant toujours les mêmes choses. Des personnes lui posent des questions, et il y répond avec toujours beaucoup d'allant, d'assurance et d'autorité. Lorsque l'on sait la façon dont sont organisées ces réunions questions-réponses, ainsi que j'en avais eu un aperçu à Rome, on en vient à se demander si tout le monde est dupe. Mgr Escrivá est un maître qui enseigne. Il sait tout sur tout ! Je ne supportais pas de visionner ces films, alors que pour mes compagnes, c'était la fête, la suprême récompense.

L'homme est incontournable. Quand les membres de l'Opus Dei se recommandent à Dieu, ils le font par l'intercession du Padre. Pour les petits et grands tracas, une maladie, un avancement, une recherche de travail, même pour la quête de l'âme sœur... une seule et même solution : prier el Padre. Dieu semble avoir été relégué à la deuxième place. Le dicton « Il vaut mieux s'adresser à Dieu qu'à ses saints » n'a pas cours à l'Opus Dei.

Des images du fondateur illustrant une prière d'intercession sont distribuées à tout le monde. Des médailles commémoratives ont été frappées lors de sa béatification. Je me souviens que dans cette perspective, on nous demandait de relater tous les « miracles », toutes les prières qui avaient été exaucées grâce à l'intercession de Mgr Escrivá. C'était un peu la foire aux prodiges.

Personnellement, je n'ai produit aucun témoignage, bien que ma directrice spirituelle me l'ait conseillé. À cette époque, une de mes filles, âgée de six mois, avait des problèmes de santé. Son nombril ne se fermait pas. Et cela provoquait des infections à répétition. Nous avions consulté un chirurgien et tenté toutes sortes de traitements, sans résultat. En dernier recours, le pédiatre nous a simplement conseillé d'utiliser du nitrate d'argent. Parallèlement, en fidèles membres de l'Œuvre, nous priions Mgr Escrivá. Notre fille fut guérie quelques mois plus tard. J'ai considéré que la guérison était due au nitrate d'argent et non à un miracle. Peut-être mon mari a-t-il témoigné par écrit de cette guérison comme étant redevable au fondateur de l'Opus Dei... Je n'en sais rien : il y a des kilomètres qui séparent les sections féminines et masculines de l'Opus Dei, que même les liens du mariage ne parviennent pas à réduire. L'Œuvre crée des secrets entre les conjoints, on ne peut pas vraiment dire qu'elle travaille à l'entente conjugale !

J'ignorais à peu près tout des activités de mon conjoint au sein de l'Œuvre. De même, je n'ai jamais confié, à mes amies ni aux couples que je fréquentais, nos difficultés conjugales. Je faisais bonne figure, et nous nous comportions en ménage aimant. Personne ne pouvait se douter de quoi que ce soit.

Le culte de la personnalité donne lieu à une réelle ambiguïté. Le titre de Père est réservé à Dieu dans le christianisme. Mais dans l'Opus Dei, il désigne le fondateur. Ambiguïté encore plus grande et flagrante aujourd'hui car depuis la canonisation de Mgr Escrivá de Balaguer, de l'appellation Père, on est passé à Notre Père ; la première dénomination est maintenant réservée au prélat en fonction.

J'ai fait le déplacement à Rome lors de la béatification du fondateur. Dans l'église où il était présenté à la vénération des fidèles, pour accéder à la chapelle où était exposée la dépouille mortelle du Père, il fallait passer devant le tabernacle. On nous apprend qu'il faut faire une génuflexion à chaque passage, génuflexion des plus militaires d'ailleurs puisqu'il est bien vu de heurter du genou le sol, et de manière audible.

Bref, ce jour-là tous les genoux ont bien frappé le sol... devant la dépouille mortelle du fondateur, mais ils n'ont pas honoré le Christ présent dans le tabernacle ! C'est à se demander où est leur Dieu. Inconsciemment, les membres de l'Œuvre ont révélé le fond de leur foi, non en Jésus-Christ vivant mais en leur fondateur décédé.

À l'époque, j'avais relaté ces faits à ma directrice qui m'avait répondu que c'était sans doute la conséquence de l'émotion – où l'on voit qu'il y a deux poids, deux mesures dans ce registre si souvent réprouvé – et le fait de personnes isolées. Je lui avais rétorqué que les personnes isolées étaient plutôt celles qui avaient salué le tabernacle.

Cette vénération portée au fondateur est transférée par les membres de l'Œuvre aux prélats qui ont succédé au grand homme. J'avais pu le constater à l'occasion de mon premier séjour à Rome, quelques jours après avoir « sifflé ». Lors de la réunion qui avait eu lieu avec le prélat, Mgr Alvaro del Portillo, les numéraires surtout et la plupart des surnuméraires étaient passées de la froideur à l'hystérie. C'étaient les mêmes qui m'avaient corrigée quelques jours auparavant pour mon sentimentalisme lors de l'apparition du Saint-Père. Ce changement de comportement m'impressionnait. Que s'était-il passé ? L'émotion était bannie en présence du pape, l'hystérie collective était de mise pour le prélat !

Cette idôlatrie infantile de la part des membres va jusqu'à leur faire manger de manière rituelle et annuellement le plat préféré – au demeurant délicieux – de la mère du fondateur : des beignets d'épinards ! On appelait la mère du fondateur « grand-mère » et sa sœur Carmen « tante ». Car l'Opus Dei est une grande famille...

C'est pour la même raison que les centres se ressemblent tous. Nous devons nous y retrouver comme chez nous partout dans le monde. Ne pas nous sentir perdus lorsque nous voyageons. Les chapelles des centres sont presque partout les mêmes, on y trouve invariablement : la croix cerclée (la croix embrassant le monde), la rose (en mémoire d'un « miracle » hivernal), les devises mariales respectivement masculines ou féminines – « *Sancta Maria, spes nostra* [notre espérance], *sedes Sapientiae* [siège de la Sagesse, pour les hommes], *ora pro nobis* [prie pour nous] », et « *Sancta Maria, spes nostra, ancilla Domini* [servante du Seigneur, pour les femmes (!)], *ora pro nobis* »... Mais surtout c'est la décoration qui ne varie pas : bois verni, dorures, style rococo, tulle, bougies allumées, mais pas de lumière du jour.

Dans les autres pièces des centres, outre les photos du fondateur exposées un peu partout, les meubles sont impeccablement cirés, les moquettes ou parquets sans la moindre salissure. Quand on a vu un centre de l'Opus Dei, on les a tous vus. Dans chacun d'eux, on retrouve aussi les animaux fétiches du fondateur, le canard et l'âne.

Pourquoi le canard et l'âne ?

Le fondateur de l'Œuvre aimait à dire : « Tu dois plonger dans l'Œuvre comme le petit canard plonge dans l'eau, tout de suite et sans peur... » Ceci pour illustrer le don total et immédiat à l'Opus Dei. Une manière d'encourager à l'absence de réflexion et d'esprit critique.

Quant à l'âne, il s'agit d'une image. Le fondateur compare l'âne au corps. Nous devons nous rendre maîtres de ce corps. L'âne est aussi une référence à celui qui a conduit Jésus à Jérusalem. « On n'a jamais réduit la vie chrétienne à un corset étouffant d'obligations, qui laisserait l'âme en proie à une tension exaspérée ; elle s'adapte aux circonstances individuelles comme un gant à la main, et elle demande que, par la prière et la mortification, nous ne perdions jamais l'objectif surnaturel dans l'accomplissement de nos tâches habituelles, grandes et petites. Pensez que Dieu aime passionnément ses créatures ; comment l'âne pourra-t-il travailler si on ne lui donne rien à manger, s'il n'a pas le temps de reprendre des forces ou si l'on affaiblit sa vigueur par des coups excessifs ? Ton corps est comme un âne – Dieu a eu un âne pour trône à Jérusalem – qui te porte sur son dos par les sentiers divins de la terre : il faut s'en rendre maître pour qu'il ne s'éloigne pas de la voie de Dieu et l'encourager afin que son trot soit aussi joyeux et fougueux qu'on peut l'attendre de la part d'un âne[1]. »

Cette noble idée de famille, qui veut que tous les centres soient semblables, avec les mêmes symboles, a pour conséquence l'uniformisation du style, ce qui accroît encore le formatage des membres. Difficile de ne pas voir là aussi un refus d'intégration au monde environnant. Nous sommes de l'Œuvre et nous ne sommes que de l'Œuvre. Partout où nous allons, nous recherchons le centre, nous y avons nos sessions de formation, nous fréquentons nos sœurs... C'est une invitation pressante à vivre en vase clos. Et une prison sans mur pour les numéraires agrégées. Ces femmes qui ont fait vœu de pauvreté, de chasteté et d'obéissance n'ont pas d'activité extérieure, puisque leur travail consiste justement à faire le ménage, la cuisine, les courses et l'entretien du linge pour les deux sections, féminine et masculine.

La prélature de l'Opus Dei est un diocèse à elle toute seule, dont l'évêque est le prélat. C'est un diocèse

1. Extrait d'un autre livre de Josemaría Escrivá de Balaguer, *Amis de Dieu*, 137.

mondial, sans frontières géographiques représentables, constitué de membres en perpétuel déplacement. Mais ce diocèse est néanmoins tangible quant au mode de vie de ses membres. On peut voir là une sorte d'exclusion, de retrait par rapport au monde, exactement à l'opposé de ce que la spiritualité de l'Œuvre prétend être, à savoir : la sanctification des laïcs *dans* le monde. On sait que l'Opus Dei a pour spécificité le laïcat, or dans les faits, ces laïcs sont soit de quasi-religieux, soit des personnes soumises à une autorité sacerdotale omniprésente. Où est la spécificité laïque ? Plus d'une fois, j'ai eu le sentiment que ces gens n'appartenaient plus au monde, mais à un univers parallèle, motivés par le dégoût que leur inspire le monde réel.

D'ailleurs, la vocation laïque comporte une grande ambiguïté. Car les numéraires masculins sont le vivier des prêtres de l'Œuvre. Comment alors faire cohabiter chez la même personne une mission de laïc dans le monde et la vocation sacerdotale, c'est-à-dire l'appel à la prêtrise ? Les hommes qui « sifflent » en tant que numéraires savent-ils qu'ils sont peut-être destinés à devenir un jour prêtres ? Est-ce vraiment là leur désir ou bien acceptent-ils la prêtrise par obéissance au prélat qui les appelle ? Le prélat, et non Dieu ! Dans ce cas, en poussant la logique jusqu'au bout, ces ordinations restent-elles valides ?

Pour ma part, je n'ai jamais eu d'affinité avec Mgr Escrivá de Balaguer. Ses écrits ne me plaisent pas. Certains, même, me révoltent. Par exemple : « N'oublie pas que tu es... la boîte à ordures. C'est pourquoi, si le divin Jardinier te choisit, s'Il te décape, te nettoie..., et s'Il place en toi des fleurs magnifiques..., ni les parfums ni les couleurs qui parent ta laideur ne doivent te rendre orgueilleux. Humilie-toi ; ne sais-tu pas que tu n'es que la poubelle ? » (*Chemin*, 592). Or, dans la religion catholique, on nous enseigne que l'homme a été créé à l'image de Dieu, l'homme est le reflet de Dieu. Dieu ne serait-Il qu'une poubelle ? « Des livres : n'en achète pas sans demander conseil à des chrétiens compétents et avisés. – Tu pourrais acheter une chose inutile ou nuisible. Combien croient porter un livre sous le bras... qui ne portent qu'un ramassis d'ordures ! » (*Chemin*, 339). Les chrétiens compétents et avisés sont bien évidemment les numéraires... On peut entrevoir, dans ces citations, la déshumanisation des membres de l'Opus Dei, qui ne deviennent que des créatures sans âme et vouées à une obéissance totale.

La liste pourrait se prolonger presque indéfiniment : « Tu prodigues ta tendresse. – Et je te dis : charité pour ton prochain, oui, toujours. – Mais – écoute-moi bien, âme d'apôtre – cet autre sentiment que le Seigneur lui-même a mis dans ton cœur est réservé au Christ et à Lui seul. – De plus... n'est-il pas vrai qu'en ouvrant un des verrous de ton cœur – et tu as besoin de sept verrous – un petit nuage de doute a flotté plus d'une fois sur ton horizon surnaturel... ? Tourmenté, malgré la pureté de tes intentions, tu t'es alors demandé : n'ai-je pas été trop loin dans les manifestations extérieures de mon affection ? » (*Chemin*, 161).

Mais d'autres ex-membres de l'Œuvre que je connais continuent de manifester un grand attachement au fondateur et n'éprouvent pas la même indignation que moi en lisant ses écrits. Pour elles, Mgr Escrivá de Balaguer est un saint. Pour elles, l'Opus Dei subit une dérive sectaire qui n'est pas imputable à l'esprit de fondation qui aurait été perverti au fil du temps. L'Opus Dei aurait perdu son esprit d'origine. C'est peut-être le seul point sur lequel diffèrent les avis. Car pour le reste des accusations, elles se ressemblent toutes. Chacun a subi un formatage identique.

5

Police des esprits

La conformation des esprits, insidieuse, va très loin. Au bout de quelque temps, je découvre que certains livres sont interdits, certains films aussi. Il faudra tout de même plus de dix ans avant que j'entende parler de cette censure de façon explicite.

La scène se passe durant un cercle, cette formation hebdomadaire des surnuméraires, où l'on nous parle d'une vertu différente chaque semaine. Ce soir-là, la numéraire qui l'anime nous déconseille, pour ne pas dire nous interdit, d'aller voir le film *Germinal* qui vient de sortir au cinéma. Il faut rappeler que toutes les œuvres de Zola ont été en leur temps mises à l'Index. L'*Index librorum prohibitorum* est une liste d'ouvrages que l'Église catholique estime pernicieux et dont la lecture est interdite.

En 1557, à Rome, Paul IV instaure la première édition romaine de l'*Index librorum prohibitorum*. L'Église adopte ainsi une politique de contrôle des esprits. Dans toute l'Europe, les persécutions sévissent contre les imprimeurs et les libraires : défense de publier, de vendre ou d'importer certains ouvrages et interdiction de lire ces livres. Cette censure perdure jusqu'en 1966, date à laquelle Paul VI abolit l'Index. Il n'est donc, à ce jour, plus en usage au sein de l'Église catholique. Mais l'Opus Dei continue à le respecter et même à l'actualiser.

Lors du cercle où il est question de *Germinal*, une des surnuméraires présentes surenchérit de bon cœur : elle ne permettra pas à son fils d'aller visionner ce film avec sa classe. C'est la première fois qu'explicitement, concrètement, je suis confrontée à l'Index. Nous sommes en 1994. Je savais que cette censure existait car j'avais entendu certaines surnuméraires, encore étudiantes, demander si elles pouvaient lire tel ou tel ouvrage, et les numéraires durant les séances de formation nous parler de la prudence avec laquelle nous devions gérer nos lectures. Elles nous conseillaient de demander l'avis de personnes avisées avant de lire quoi que ce soit. Car bien évidemment nous n'étions, nous, pas en état de juger. Mais je n'ai jamais tenu compte de ces remarques, et l'on ne m'a jamais interrogée sur mes lectures. Il y avait bien eu une première alerte en 1993, lors de la parution d'un livre soulevant la controverse sur l'Opus Dei. Je crois qu'il s'agissait d'*Octopus Dei*[1]. Les numéraires prenaient les devants, décryptant dans ces attaques l'œuvre de destruction voulue par Satan. Et arguant qu'il nous était interdit de lire ce type de livres pour notre bien, car de ces lectures il reste toujours un peu de venin, et le doute peut s'immiscer et nous troubler.

À l'Opus Dei, chaque livre et chaque film était donc conseillé ou déconseillé. Mais dans cet univers, conseil et ordre sont le plus souvent synonymes. Autant *Jésus de Nazareth* était recommandé, autant *La Dernière Tentation du Christ* était prohibée. Ne pouvant interdire tous les films, il est fortement préconisé de fermer les yeux lors des scènes jugées obscènes ou scabreuses. La barre est placée assez bas, puisqu'un baiser appuyé est déjà considéré comme déplacé. Il était aussi suggéré de sortir de la salle de cinéma lorsque l'on jugeait les images vraiment trop déplacées ou

1. Un jeu de mots sur *octopus*, qui signifie pieuvre en anglais.

malséantes. Nous étions ainsi invités à nous forger notre propre Index !

En ce qui me concerne, je lisais les livres que je choisissais moi-même et regardais les films que je voulais. Même si, lorsque j'allais au cinéma avec mon mari, celui-ci me demandait de fermer les yeux sur certains spectacles...

L'Index a donc encore cours à l'Opus Dei, quarante ans après sa suppression par le Vatican. Il y a d'ailleurs un film où l'on voit Mgr Escrivá de Balaguer lever son index et dire que si l'Église l'avait perdu, eh bien lui gardait le sien ! Cette déclaration est accueillie par l'auditoire qui boit ses paroles, dans le film, par moult applaudissements. C'est, de façon discrète, se vouloir plus parfait et plus catholique que le pape, et, d'une certaine manière, se placer au-dessus de l'autorité romaine. Rien n'a changé depuis, si j'en crois certaines interviews récentes de surnuméraires, à propos du *Da Vinci Code* : elles critiquent et boycottent, mais elles n'ont ni lu le livre ni vu le film, obéissant aux directives. Elles parlent donc de choses qu'elles ne connaissent pas, et manifestent une confiance et une obéissance aveugles envers les responsables des centres. Ce n'est même plus de la soumission. C'est de l'infantilisation.

Une fois par an, toute surnuméraire assiste pendant une semaine aux rencontres, pour un temps d'approfondissement théologique et d'approfondissement de l'esprit de l'Œuvre. Cette formation est obligatoire, sauf rares exceptions. J'ai connu une surnuméraire qui préféra se rendre à cette rencontre plutôt que de veiller son père mourant, et elle en fut félicitée ! Son père est décédé entouré de tous les siens, sauf elle. On lui a dit qu'elle avait été plus utile ici à prier pour le salut de son père qu'auprès de lui. J'en suis restée interdite.

Ces rencontres annuelles ont lieu dans tous les pays où l'Œuvre est implantée. Personnellement je n'ai fréquenté que Zurich, Genève, Flumserberg dans le canton de Saint-Gall en Suisse, et Couvrelles en France. Dans ces manifestations, l'ambiance se veut chaleureuse et amicale, mais aussi studieuse et évidemment non mixte. Chaque dame y vient avec son cahier et son stylo, afin de prendre en notes les enseignements dispensés par le prêtre et les numéraires. On se croirait de retour à l'école.

S'ajoute à cette formation théologique des cours de catéchisme bien particuliers : nous étudions le *Catéchisme de l'Œuvre*. Cet enseignement est dispensé oralement et il nous est interdit de prendre des notes afin d'éviter qu'une personne mal intentionnée ne s'en serve contre l'Opus Dei. Il nous faut donc tout retenir par cœur. Qu'y a-t-il de si sulfureux dans le contenu de ces séances ? On nous y apprend l'histoire de la fondation de l'Œuvre, la biographie du fondateur, les aspects juridiques de la prélature, les saints patrons (saint Michel pour les numéraires, saint Raphaël pour les surnuméraires et saint Gabriel pour l'apostolat des jeunes), la mission de l'Opus Dei... mais sous le sceau du secret.

Pourquoi alors tant de mystère ? J'avoue que j'ai du mal à répondre à cette question. Je ne vois pas l'utilité d'une telle dissimulation. Il n'empêche que tout ce qui concerne l'organisation relève du « secret religion », comme il existe un « secret défense ». Ce délire paranoïaque permanent m'a conduite à me poser des questions : que craint l'Œuvre ? Si elle n'a rien à se reprocher, si elle n'a rien à cacher non plus, dans ce cas, la transparence devrait être de mise. Lorsqu'une fois j'ai posé une question à ce sujet, on m'a répondu que c'était un principe de prudence élémentaire, que Satan veillait à détruire tout ce qui venait de Dieu, et qu'il fallait déjouer ses plans. De quoi effrayer plus d'une âme ! Dans l'univers opusien, on met beaucoup de choses sur le dos de Satan...

C'est durant ces rencontres que l'on nous apprend aussi à répondre aux éventuelles critiques. On nous parle de l'aspect financier, nous expliquant que l'Œuvre en tant que telle ne possède rien. On nous enseigne comment riposter aux calomniateurs. En disant par exemple que les membres numéraires sont de simples locataires, et que les résidences d'étudiants sont détenues par des associations lambda, qui permettent aux prêtres de l'Œuvre d'assurer l'aumônerie. Seules les activités spirituelles sont donc confiées à la prélature de l'Opus Dei. Tous ces raisonnements me paraissaient fumeux, car ils ne reflètent absolument pas la réalité dont j'ai été témoin. Et surtout je ne comprends pas pourquoi les numéraires se font les avocats du diable, en devançant les critiques. J'ai découvert plus tard que ce raisonnement permettait aux responsables de se dégager de toute responsabilité en cas de malversations financières, sur le thème : « Nous ne sommes pas responsables des errements de nos membres. »

Grâce aux réponses toutes faites qui nous sont proposées, nous devons refléter l'état de perfection dans lequel se croit être l'institution, qui réfute instantanément la moindre critique. Elle n'accepte de changer que quand l'ordre lui en est donné par une instance supérieure, et que cela commence à sentir un peu le roussi. En Angleterre, par exemple, le cardinal Hume, à la suite de certains comportements et sans doute de quelques plaintes contre l'Œuvre, a diffusé une déclaration informant ses membres de la conduite qu'ils devaient tenir sur certains points précis. Je reproduis ici la transcription de cet écrit :

« Pour répondre à des inquiétudes compréhensibles concernant l'Opus Dei, le cardinal Hume, archevêque de Westminster, a publié, le 12 décembre 1981, une importante déclaration, dans laquelle il adressait à l'Opus Dei les quatre recommandations suivantes :

1. Aucune personne âgée de moins de dix-huit ans ne doit être autorisée à prononcer des vœux ou à prendre des engagements à long terme, en relation avec l'Opus Dei.

2. Il est essentiel que les jeunes qui désirent entrer dans l'Opus Dei s'en ouvrent à leurs parents ou à leurs tuteurs légaux. Si, par exception, il existe des raisons fondées pour que l'on n'entre pas en contact avec les familles, ces raisons doivent, dans tous les cas, être débattues avec l'évêque local ou son délégué.

3. S'il est admis que ceux qui adhèrent à l'Opus Dei prennent les devoirs et les responsabilités propres aux membres, il faut bien veiller à respecter la liberté de l'individu ; tout d'abord la liberté, pour l'individu, d'adhérer à l'organisation ou de la quitter sans que s'exerce une pression indue ; la liberté, pour l'individu, à quelque étape que ce soit, de choisir son propre directeur spirituel, que ce directeur soit ou non membre de l'Opus Dei.

4. Les initiatives et les activités de l'Opus Dei dans le diocèse de Westminster doivent porter la claire indication qu'elles sont patronnées et dirigées par lui[1]. »

Qu'en est-il de l'application de ces recommandations ? Celle qui concerne la liberté du choix du directeur spirituel n'est pas effective, loin s'en faut. De même, s'il est impossible de prononcer des vœux avant dix-huit ans, les enfants qui fréquentent les clubs depuis leur plus jeune âge ont tout pour devenir de futurs opusiens. C'est d'ailleurs la volonté de soustraire les miens à cette influence qui m'a donné, en grande partie, le courage de partir. La liberté de quit-

1. *La Documentation catholique*, 17 janvier 1982, n° 1822, p. 128.

ter l'institution est, quant à elle, très théorique comme j'en ai fait l'expérience en 1996.

Seul progrès constaté depuis quelques années par rapport aux préconisations de l'archevêque de Westminster : sur les brochures, la mention « Opus Dei » est indiquée plus clairement. Mais la volonté de dissimulation est toujours présente depuis les écrits fondateurs : « Jamais tu ne te repentiras de te taire, mais très souvent d'avoir parlé » (*Chemin,* 639).

Peut-être l'Œuvre n'ose-t-elle tout simplement pas affronter ses détracteurs parce qu'elle sait que sur beaucoup de points elle ne pourrait pas se justifier. Si elle refuse la confrontation, en fait c'est par peur.

D'ailleurs, il nous était expliqué que lorsque nous n'étions pas sûres de la réponse à une question embarrassante, il valait mieux dire que nous allions nous renseigner. Les informations, données par les directrices, étaient considérées comme parole d'Évangile. Nous perdions tout esprit d'initiative. Nous étions comme des brebis suivant aveuglément le berger, comme des perroquets répétant mécaniquement les enseignements.

Les numéraires nous conseillaient de ne pas évoquer l'Opus Dei au téléphone, d'éviter de prononcer le nom de la prélature par peur des écoutes, de n'en parler qu'avec prudence et en étant sûres de la personne. Pour eux, il y a toujours, omniprésent, le spectre du complot, franc-maçon entre autres. Il m'a été dit : « Quand tu veux parler de l'Opus Dei à tes amies, il est mieux de ne pas le faire au téléphone. Tu sais, les écoutes... les indiscrétions. » Les hommes, eux, revenaient très souvent, lorsqu'ils discutaient entre eux, sur le « complot maçonnique », et cherchaient à savoir qui pouvait être franc-maçon dans leur entourage. Cette préoccupation tournait tellement à l'obsession qu'au cours des réunions masculines, ou des récollections, la franc-maçonnerie devait être régulièrement associée à l'incarnation du mal.

De la même façon, il fallait nous montrer prudentes dans le choix de nos relations. On nous demandait ensuite d'avancer à pas feutrés, de ne pas se livrer, de rester très vagues sur notre appartenance. Et encore, nous n'étions que des femmes ! Je pense que dans la section masculine, le thème du complot était beaucoup plus débattu que chez nous, où il ne s'agissait en quelque sorte que d'une mise en garde. Cette paranoïa n'est évidemment pas neutre. Elle donne lieu à des comportements très étranges.

À cette époque, je vis à Lausanne, où il n'y a pas encore de centre de l'Opus Dei où je viens d'entrer il y a un an. Les formations ont lieu chez les surnuméraires. Les numéraires, qui habitent Genève, font les déplacements. Ce jour-là, le cercle se passe chez moi. Quelqu'un sonne, je vais ouvrir, et je me trouve face à une jeune femme qui vient, me dit-elle, pour le cercle. Je la fais entrer et en informe donc la numéraire, qui commence à infliger à cette dame un questionnaire policier. Elle lui réclame une lettre d'introduction. Il n'y a pas de lettre. Ce sésame aurait dû lui être remis par la directrice du centre dont elle dépend. Il s'ensuit alors des palabres, des coups de téléphone aux différents centres suisses, un nouvel interrogatoire, afin de s'assurer – c'est ce que me dira la numéraire plus tard – qu'il ne s'agit ni d'une espionne ni... d'une journaliste. Et puis, il ne faut surtout pas risquer de dévoiler à un non-initié la prière du *preces* (récitée à la fin du cercle). Cela semblait aussi grave que de divulguer un secret d'État. J'ai été sidérée par une telle attitude. Mais je n'ai rien dit.

Par la suite, j'apprendrai que lorsqu'une surnuméraire va suivre ses formations dans un centre qui lui est étranger, elle doit présenter la fameuse lettre.

Celle-ci atteste de son appartenance. C'est un laisser-passer. Je n'ai eu besoin d'une telle recommandation que lorsque je suis arrivée en France. Mais je n'ai pas ouvert l'enveloppe. Aujourd'hui encore, j'ignore tout de son contenu.

Au bout de quelques années de ce traitement, il m'arrive d'être, comme les autres, convaincue de ma fragilité, que l'Œuvre doit protéger des influences extérieures. Mgr Escrivá lui-même n'écrit-il pas : « Ton obéissance doit être muette. Ah, cette langue ! » dit le point 627 de *Chemin*.

Par chance, je n'ai que très peu obéi à ces préceptes. Mais je menais une sorte de double vie intérieure en ayant toujours l'air d'être dans le droit chemin. J'acquiesçais lorsque l'on jugeait un film impossible à regarder, quitte à aller le voir en cachette, comme ce fut le cas pour *Germinal*. Cette duplicité était devenue une seconde nature.

Je pensais honnêtement que l'Opus Dei n'était pas ma vocation et que mes directrices spirituelles se trompaient lorsqu'elles affirmaient que j'avais tout pour faire une bonne surnuméraire. Quant à mon mari, il me disait que ce serait la honte pour lui si je venais à quitter l'Œuvre.

Mais être à rebours des directives de l'Opus Dei et faire les choses à son insu a fini par me perturber. J'étais la seule à agir de cette façon. C'était du moins, à l'époque, ce que je pensais. J'en étais même convaincue.

Lorsque je regardais les autres surnuméraires, je les voyais épanouies, bien dans leur peau et dans leur vocation. Il y avait donc un problème. Et le problème, c'était moi. Je n'étais pas différente de ces autres femmes. Pourtant, je n'étais pas heureuse dans l'Œuvre. Je me sentais en faute. Je culpabilisais doublement : d'une part, de ne pas être épanouie et, d'autre part, de ne pas avoir le cran de partir. Je n'étais pas moi-même, j'étais toujours en train de biaiser. J'étais très mal dans ma peau. Je me perdais, me retrouvais, mais toujours en pointillés.

Ce n'est que bien plus tard, après être partie, que je me suis rendu compte en discutant avec d'autres ex-surnuméraires, celles-là mêmes que je prenais en exemple, que, de leur côté, elles avaient vécu le même écartèlement. Pour elles, j'étais une surnuméraire parfaite : bien mise, souriante, aimable, épanouie, de nombreux enfants bien habillés. Toujours prête à donner de mon temps à la cause, douée en apostolat et en prosélytisme ; respectant les préceptes opusiens sans ciller. Offrant un intérieur toujours impeccable. Voilà comment j'apparaissais aux yeux des autres ! Je ne me reconnais pas dans cette description : cette femme, ce n'est pas moi. Avec une de mes amies, ex-membre elle aussi, lorsque nous échangeons sur cette image que chacune renvoyait à l'autre, nous sommes sidérées par la tromperie dont nous avons été à la fois complices et victimes. Chacune voyait la perfection dans l'autre, ce qui alimentait le malaise. Quelle ironie !

Nous avons essayé de décortiquer le mécanisme qui nous a culpabilisées, emprisonnées et empoisonnées durant toutes ces années. Nous sommes arrivées à la conclusion que l'emprise psychologique que nous avons du mal à définir est en tout cas très forte et très pernicieuse. De plus, un commandement maintient chaque membre et plus spécialement les femmes dans l'isolement : il est interdit d'avoir des « amitiés de confidences ». Cela s'appelle ainsi ! L'amitié de confidences est une relation normale dans laquelle s'échangent de part et d'autre des sentiments, des émotions, des états d'âme. Entre amies, on se raconte, on s'avoue ses soucis, ses tristesses, ses joies, ses espoirs. Eh bien, au sein de l'Opus Dei, cette relation est interdite. Nous ne devons nous confier qu'à notre directrice spirituelle et à personne d'autre. Une exclusivité qui nous confine encore plus dans l'isolement.

En plus, le système des corrections fraternelles sécrète de façon très naturelle une ambiance de délation et de défiance insupportable. Chacune épie l'autre, chacune se veut irréprochable et exemplaire aux yeux de ses « sœurs ». On est sans cesse en représentation, à l'intérieur et pas seulement vis-à-vis de l'extérieur. En compagnie de surnuméraires, je jouais le jeu, ne me démasquant pas, m'autocensurant. Et les autres agissaient de la même manière. Comment aurions-nous pu deviner que nous étions aussi mal les unes que les autres ? On peut en rire mais ce n'est pas une comédie, c'est un cauchemar.

Comment un tel état de soumission est-il possible ? Je me le suis souvent demandé et me le demande encore. Quelle méthode psychologique emploie-t-on pour réduire à la sujétion des femmes, mais aussi des hommes, de dix-huit, trente, quarante ans ? Cette question, nous nous la sommes toutes posée entre ex-surnuméraires. Comment se fait-il qu'avec notre personnalité, notre caractère, notre histoire, nous ayons chacune suivi ces ordres, alors même qu'à l'intérieur de nous grondaient la révolte et le désaccord ? Comment se fait-il que toutes, nous soyons allées à l'encontre de notre vérité ? Nous étions de super-comédiennes et nous nous aveuglions nous-mêmes, les deux à la fois.

Peut-être est-ce aussi l'accumulation des tâches et des obligations qui nous empêche de prendre le temps de réfléchir et d'agir de manière authentiquement autonome ? À l'Opus Dei, il n'y a pas de place pour l'oisiveté. Et lorsqu'il arrive que nous mettions la tête hors de l'eau, tout de suite quelqu'un nous y replonge en ressassant le sempiternel argument du combat spirituel et de la lutte contre Satan.

On m'a toujours dit que nous formions une grande famille. Que l'Œuvre était notre vraie famille. Pourtant, il y a une certaine incohérence dans cette famille élargie. En effet, les membres sont frères et sœurs ; ils ont pour père Mgr Escrivá, et tout est fait dans les centres pour que chacun se sente chez soi. Dans le même temps, l'amitié et même plus simplement la connaissance de nos autres sœurs se révèlent impossibles. Nous ne devons pas discuter entre nous de choses personnelles – les fameuses amitiés de confidences ! – et lorsque nous avons l'occasion de nous retrouver pour un temps libre, on nous encourage à prier ensemble, notamment à réciter le chapelet. Durant les formations que nous suivons ensemble, nous côtoyons de nombreuses sœurs de différentes régions. Il nous est impossible de tisser des liens, nous ne savons rien les unes des autres. Est-ce naturel pour des sœurs ? Est-ce là un comportement souhaitable dans une famille ?

Une numéraire, lors d'une causerie sur le silence, nous raconta qu'un jour, lors d'une retraite fermée, c'est-à-dire réservée uniquement aux membres de l'Œuvre, et silencieuse, une mère surnuméraire et sa fille numéraire se retrouvèrent après plusieurs années de séparation. La fille vivait à l'étranger. Ces deux femmes n'ont pas échangé un mot. La numéraire est repartie dans son pays et la surnuméraire chez elle sans qu'aucun dialogue, aucune discussion n'ait été entamé. La numéraire qui nous racontait cet épisode portait cet exemple aux nues. Je le trouve pour ma part inhumain et barbare. Quel modèle représente donc l'Opus Dei ? Une fausse famille qui tue la vraie famille ?

6

« Il faut! »

Lorsque j'ai « sifflé », selon le rituel en vigueur, j'ai dû attendre un an avant d'être définitivement admise à l'Opus Dei. Ce moment solennel se résume à une rencontre entre un prêtre de la prélature et le candidat. Il en résulte une sorte de contrat entre les deux parties, par lequel l'Opus Dei s'engage à former le membre, qui en échange est disposé à recevoir cet enseignement. Quand je suis devenue une « vraie » surnuméraire, il a donc fallu que l'on me forme et que j'accepte ce « cadeau ». C'est à cette occasion que j'ai découvert le ballet des normes, c'est-à-dire l'ensemble des pratiques de dévotion, que l'on appelle aussi le plan de vie. Il comporte des obligations spirituelles quotidiennes, hebdomadaires, mensuelles et annuelles. De quoi se sentir très vite déconcertée et débordée par cet afflux massif de pratiques religieuses en tout genre. Dès le premier jour, je suis envahie par un sentiment d'incompétence et d'écrasement. Je tire désormais derrière moi un boulet extrêmement lourd dont je me libérerai treize ans plus tard seulement. Ma vie est remplie par deux mots : « Il faut. »

Première sonnerie du réveil, je me lève d'un bond. C'est ce qu'on appelle dans l'Opus Dei « la minute héroïque » : interdiction de traîner, fût-ce trente secondes. Je suis censée prendre dans la foulée une douche froide qui correspond à la mortification corporelle du matin. Je ne l'ai que très rarement pratiquée. Ensuite, je m'organise pour savoir à quelle messe je vais participer, à quelle heure et où. Il faut aussi que je place mes vingt minutes de lecture spirituelle, mes vingt minutes de méditation, et ma lecture de la Bible. Il y a aussi le chapelet qu'il me faut réciter. Je profiterai du trajet en voiture pour emmener les enfants à l'école, ou bien je m'en acquitterai quand je ferai la queue à la caisse du supermarché. Je dois aussi me réserver du temps pour l'apostolat. Autrement dit la « drague » des brebis égarées. Il s'agit par exemple de rendre visite à une connaissance pour lui parler de la prochaine récollection. On appelle cela « faire amitié », et c'est très bien considéré, à condition de ne pas dériver vers la fatale « amitié de confidences ». Ah ! je n'ai pas fini de préparer mon cours de doctrine, avec un peu de chance j'y parviendrai aujourd'hui quand les petits feront la sieste. Pour la visite du saint sacrement je tricherai un peu, je vais profiter de la messe pour la faire. À midi pile, je réciterai l'*Angelus* comme chaque jour. Pour le repas il faut que je rappelle aux enfants l'obligation du bénédicité, il y a du relâchement. Pour le *preces* ce sera quand j'y penserai. Et si jamais je l'oubliais, l'examen de conscience du soir me le remettrait en mémoire. Ensuite, il sera l'heure de dormir, je préparerai le temps de la nuit avec la récitation de trois *Je vous salue Marie*, et de la *Prière d'action de grâces* pour la journée écoulée.

C'est une journée type. Cela n'a l'air de rien, mais c'est assez prenant. Je me sens débordée par toutes ces tâches à accomplir. J'en parle à ma directrice spirituelle, qui me répond que la vocation à l'Opus Dei est comme un gant de velours, elle s'adapte à chaque membre. Je n'ai que vingt minutes de méditation et vingt minutes de lecture spirituelle à faire. Cette femme me rappelle que nombre de mes sœurs consacrent beaucoup plus de temps à ces activités, dont la durée quotidienne est censée s'allonger avec l'ancienneté. Moi, j'en suis toujours au régime débutant. De quoi je me plains alors ? Quelle souplesse ! Pour quelqu'un qui ne faisait rien ou presque rien, je dois dire qu'il n'y a pas eu de transition... et que ce gant de velours n'est pas tout à fait à ma taille. Ce qui est sûr, c'est que ce n'est pas du sur-mesure !

Ce sentiment d'écrasement a quelque chose d'oppressant. Je dois « faire mes normes », je n'ai pas le choix. Je ne les accomplis pas par amour (ce qui devrait être le cas), ni par envie (ce qui pourrait être le cas), mais par devoir. J'y suis tenue, contrainte. De plus, étant donné mon peu de foi et mon manque de conviction, le poids de ces pratiques religieuses m'apparaît encore plus lourd. J'exécute mes normes sans en comprendre le sens. Mais je le fais car je dois ensuite en rendre compte. Le sentiment qui me guide dans ce marathon, c'est la culpabilité : je suis une mauvaise surnuméraire, je n'ai pas la vocation, je dois au moins remplir mon contrat. De temps à autre, j'essaye d'en parler à ma directrice spirituelle, mais toujours m'est avancée l'excuse du combat contre Satan, qui cherche à m'écarter du chemin de la sainteté.

Je dois reconnaître néanmoins que celle-ci était dotée d'un certain discernement, car en treize ans d'Opus Dei, je n'ai accru ni mon temps de lecture spirituelle, ni mon temps de méditation, contrairement à ce que prévoit une progression « normale » ! Mon mari, pour sa part, consacrait deux fois plus de temps que moi à l'accomplissement de ses devoirs quotidiens.

Une des obligations de piété réside dans cette fameuse prière en latin dont je ne comprenais pas vraiment le sens et qu'il ne faut surtout pas révéler à l'extérieur : le *preces*. Elle est propre aux membres de l'Opus Dei et il ne faut en aucun cas la divulguer. Son contenu, pourtant, n'a rien de très compromettant. Sa récitation quotidienne se déroule en quatre phases : prières d'adoration à Dieu, et d'action de grâces (à la Sainte-Trinité, à Jésus-Christ) ; prières de pétition pour le pape, pour les évêques du monde entier, pour le prélat de l'Opus Dei, pour les bienfaiteurs de l'Opus Dei, les vivants et les morts ; prières de demandes d'aide pour être saintes (à la Vierge, à saint Joseph, aux anges gardiens, etc.) ; invocations de l'Esprit saint, des archanges saint Michel, saint Raphaël et saint Gabriel, et des apôtres saint Pierre, saint Paul et saint Jean.

Nous devons la connaître par cœur et la réciter si possible à genoux après avoir embrassé le sol et l'avoir salué d'un « *Serviam* », « je servirai ». Un jour, je fais part à ma directrice de la difficulté que j'ai à mémoriser le *preces* ; celle-ci m'explique alors qu'il me faut vraiment le connaître par cœur. Car si jamais quelqu'un me surprend en train de le réciter, et qu'il me trouve à genoux, je peux lui dire que je cherche une bague ou n'importe quoi d'autre qui aurait roulé par terre. Tandis que s'il me voit avec mon petit dépliant sur lequel est écrit le *preces*, il risque de me poser des questions et cherchera à savoir. En quelque sorte, on m'apprend à mentir ! Toujours ces secrets !

Durant toutes ces années, je vais à la messe quotidiennement, avec les enfants la plupart du temps. Ceux-ci étant en bas âge, l'exercice n'est pas de tout repos. Entre l'un qui veut marcher, l'autre qui chantonne, le troisième qui a faim, la messe n'est guère un moment de recueillement pour moi. D'autant qu'il faut s'attirer la bienveillance du prêtre et des fidèles. Les enfants ne sont pas toujours les bienvenus dans les églises. En tout cas, je ressors épuisée de ces séances. De plus, je m'énerve contre mes enfants et me montre injuste envers eux. Ce qui m'étonne et que je trouve paradoxal, c'est qu'en tant que membre de l'Œuvre, je dois sanctifier mon travail, qui est pour moi d'être mère au foyer. Or, l'accomplissement du plan de vie ne me permet pas de m'occuper de mes enfants correctement. C'est lorsque je développe de telles réflexions que ma directrice spirituelle me conseille de prendre une aide familiale. Je ne vois pas où résiderait alors la sanctification de mon travail si chère à l'Œuvre puisque je le déléguerais à quelqu'un d'autre. Sans doute n'ai-je toujours rien compris à l'esprit de l'Opus Dei...

Je lis pourtant les ouvrages que l'on me recommande, en majorité les écrits de Mgr Escrivá de Balaguer, dont je me sers pour la lecture spirituelle. *Chemin* est conseillé assez souvent pour la méditation. Du fait qu'il est constitué de courtes maximes, il est facile de prier, de réfléchir sur tel ou tel point particulier. Je prie donc. Surtout, je respecte tout cela pour ne pas avoir trop à dire, ni lors de ma direction spirituelle, ni en confession. Je pourrais raconter n'importe quoi, mais ce n'est pas mon genre. Je n'ai jamais été très douée pour le mensonge.

Chaque semaine, à l'occasion du « cercle », je vais me confesser. Je trouve cette fréquence beaucoup trop contraignante pour moi, et je manque cruellement d'inspiration. Pour me préparer, je dois chaque soir, grâce à un examen de conscience, récapituler ma journée, la passer au crible pour voir où j'ai péché. J'ai du mal avec cette pratique ! L'examen de conscience tourne exclusivement autour des normes. Ma directrice m'a donné une feuille sur laquelle sont répertoriées les différentes obligations du plan de vie. Devant chacune d'elles se trouve une case qu'il faut cocher si nous ne l'avons pas réalisée. Une check-list spirituelle en quelque sorte ! Pas une fois, en treize ans, on ne m'a demandé si ce plan de vie me convenait. Il fallait le faire, un point c'est tout.

Cette uniformisation ne se limite pas aux pratiques religieuses, mais s'étend à la tenue vestimentaire, aux opinions... Dès le premier jour, à mon avis, les membres perdent leur âme, leur personnalité – tout comme les centres de l'Œuvre qui, on l'a vu, sont en tous points identiques de par le monde. Nous sommes des clones. Des clones suroccupés.

Essayons un bref calcul.

Il me faut assister à la messe quotidienne avec action de grâces (trente à quarante minutes, sans compter les trajets), réciter l'*Angelus* (une à deux minutes), le chapelet (quinze à vingt minutes), le *preces* (trois à quatre minutes), faire une visite au saint sacrement (c'est-à-dire rentrer dans une église, se mettre à genoux devant le tabernacle et réciter trois *Notre Père*, trois *Je vous salue Marie* et trois *Gloire au Père*). Le temps consacré à cette visite au saint sacrement varie en fonction de la proximité ou de l'éloignement de l'église (comme pour la messe). Il faut aussi faire une lecture spirituelle et une méditation – pour commencer, vingt minutes chacune, ce qui donne un total de quarante minutes – et faire un examen de conscience en fin de journée. Pour nous aider dans l'examen de conscience, je l'ai déjà signalé, on nous distribue des feuilles de papier comportant trente et une colonnes verticales (pour le nombre de jours dans le mois), plusieurs colonnes horizontales correspondant aux différentes pratiques que tous les membres de l'Œuvre se doivent d'accomplir quotidiennement. Le temps passé à cet examen dépend de la manière dont la journée s'est écoulée mais aussi, pour ma part, du temps qui me sépare de la confession. Il me faut trouver quoi dire ! Ensuite vient la prière du soir (une minute). Ce qui nous fait un total d'au moins deux heures de dévotions par jour. À cela il conviendrait d'ajouter la récitation du bénédicité avant chaque repas. Je n'ai pas pris en compte dans ce calcul le temps alloué pour l'apostolat, puisque je n'ai jamais consacré beaucoup d'énergie à ce dernier.

Le respect de cet emploi du temps serré, je dois en rendre compte à ma directrice spirituelle lors d'un entretien hebdomadaire qui, avec le temps, deviendra bimensuel. C'est ce que j'appelle de la surveillance rapprochée. Toutes ces normes m'envahissent. Et les enfants là-dedans ? Ils vivent au rythme du plan de vie de leurs parents. Nous les trimbalons à la messe quotidienne, et je les emmène parfois à mon cercle hebdomadaire. J'y vais en train ou en voiture et, au centre, je laisse mes enfants dormir dans une pièce.

Quand ils ont eu quatre ou cinq ans, leur père leur faisait le catéchisme. Ils ont effectué leur communion relativement tôt et pour la plupart sans passer par la paroisse. Ils étaient invités à réciter le chapelet, à prendre une douche froide en se levant et à commencer la confession de façon régulière. À huit ans, ils ont rejoint le club de l'Opus Dei. Sans le savoir, ils effectuaient un plan de vie et étaient entraînés pour devenir de bons petits soldats.

Ce n'est pas tant le fait de prier ou de lire des écrits spirituels qui me dérange. Je conçois l'existence d'une règle, bien que la vocation à l'Opus Dei soit laïque et non religieuse. Ce qui ne me plaît pas, en revanche, c'est la façon dont on nous oblige unilatéralement à accomplir toutes ces normes, avec en plus une inspection en règle. Je crains toujours d'être la mauvaise élève.

À ces deux heures d'obligations religieuses quotidiennes s'ajoute le temps dévolu aux sessions de formation hebdomadaires, mensuelles et annuelles, auquel il faut encore ajouter le temps d'apostolat et d'activités annexes : cours d'éducation familiale, cours de doctrine et autres réunions...

Dans la semaine, mon mari et moi n'avons que peu de soirées libres ! Quant au repos que je pourrais réclamer, j'entends déjà la réponse : le repos selon l'esprit de l'Œuvre, ce n'est pas ne rien faire, c'est changer d'activité. Ne rien faire est synonyme d'oisiveté ! Et pas du tout sanctifiant. On me demande des comptes sur l'emploi de mon temps, ce que j'ai fait, qui j'ai vu... Le spectre de la culpabilité rôde et nous titille, si nous prenons le temps d'une sieste ou d'un café qui ne soit pas tourné vers l'apostolat.

Il y a une anecdote que l'on nous raconte dans les centres concernant le plan de vie. Une surnuméraire, avec de nombreux enfants, n'avait pas le temps de réaliser correctement toutes ses normes. Elle était débordée, et ne savait plus par quel bout commencer. Un jour, après avoir « prié le Père » comme on dit, elle se décide à écrire une petite annonce pour rechercher une aide familiale. Quelque temps plus tard se présente à elle une jeune fille tout à fait sérieuse, et prête à s'occuper des enfants et du ménage tout de suite. Voilà notre surnuméraire ravie. Quelle ne fut pas sa surprise lorsque la jeune fille se présenta : celle-ci s'appelait Norma (Norme). Aussitôt, l'on mit ce « miracle » à l'actif de l'intercession de l'incontournable Escrivá de Balaguer.

Au plan de vie quotidien et à la formation hebdomadaire (les cercles) s'ajoutent enfin des obligations mensuelles (récollections), et annuelles (retraite et rencontre).

Afin de profiter des séances de formation, il faut s'organiser pour la garde des enfants. Nous nous arrangeons entre surnuméraires pour nous relayer lorsque cela est possible, sinon je fais appel à la famille, notamment à ma mère. Durant ces rencontres, toute discussion est réputée stérile si elle ne porte pas sur Dieu, et lorsque deux surnuméraires se trouvent ensemble pour se promener, les directrices conseillent la récitation du rosaire... officiellement pour ne pas perdre son temps en vaines paroles.

Impossible, donc, de faire vraiment connaissance avec nos « sœurs ». Difficile aussi de contrevenir à ces préceptes car, en ce qui me concerne, je vois le spectre de la correction fraternelle se profiler à chaque instant, et j'imagine que pour les autres il doit en être de même.

Fréquemment, lors de causeries, il arrive que le sujet traité soit exactement celui dont nous avions parlé en confession. À croire que le secret n'est pas si bien gardé. Il y a à l'Opus Dei une façon inimitable d'enfoncer le clou, d'insister sur telle ou telle vertu. Je ne sais pas comment fonctionne ce système, mais je trouve assez curieux que « comme par hasard », ce dont nous nous sommes confessées devienne un objet de débat collectif.

Il est aussi souvent question de mortification. Pour ma part, je m'en suis toujours tenue au service minimum : ne pas prendre de goûter le samedi, voire renoncer à certaines envies gourmandes... Je n'ai jamais été une fan de l'autopunition et je dois dire que l'on ne m'a jamais harcelée à ce sujet, même s'il en était souvent question dans les cercles et autres enseignements. Je trouve que la vie se charge bien assez de nous contrarier. De plus, sans que ce soit par égoïsme ou par orgueil, rechercher sciemment la douleur, la souffrance ne m'attire pas. Je préfère m'efforcer d'être patiente envers les enfants et accueillante quand j'aurais préféré rester seule. C'est ainsi que je vivais et que je vis encore la fameuse « mortification ». Quant aux pratiques plus « hard », genre silice, flagellation et compagnie, je n'y ai jamais eu recours, et les numéraires ne m'en n'ont jamais parlé. Mais dans une institution où l'Index est mis à jour, conservé et appliqué, tout est possible.

Au bout de sept ans d'appartenance à l'Opus Dei, lors d'un entretien, ma directrice spirituelle me signifie qu'il est temps que je prenne en main certaines de mes amies non membres pour leur donner des cours de doctrine. Les fiches nécessaires à la préparation de cet enseignement font partie des documents internes de l'Œuvre, documents que nous n'avons normalement pas le droit de sortir des centres. À l'époque, j'ai cinq enfants en bas âge, et je me vois mal faire les navettes pour préparer les cours. Une dérogation m'est donc accordée et je peux emporter ces feuillets à mon domicile.

Me voilà instituée « donneuse de leçons ». J'organise ces séances chez moi, l'après-midi ou bien le soir, suivant les disponibilités de mes « élèves » potentielles. On se connaît. Je suis sympa, souriante, et je leur pose des questions sur leur travail, leur mari, les enfants. Il y a toujours un point qui ne va pas, une zone d'insatisfaction. Mes amies se confient, et là, j'arrive avec ma panoplie de solutions : « Tu as peut-être besoin de temps pour toi, est-ce que tu n'as pas des interrogations sur le sens de ta vie ? Si ça t'intéresse, j'ai des copines qui viennent chez moi, je donne un cours de doctrine catho, on pourra aborder plein de questions et des sujets qui peut-être te taraudent. Tu sais, c'est surtout une discussion entre amies. Ça fait du bien de laisser les couches ou le boulot pour aborder des questions existentielles. » C'est un discours qui en général marche bien et permet de recruter pour ce genre de cours.

J'ai beaucoup de mal à préparer et à donner ces cours, car mon premier travail consiste à me convaincre moi-même de ce dont je vais parler. Je pratique l'auto-endoctrinement. Je dois dire que cette méthode est assez efficace. Elle me maintient dans l'incapacité d'apporter la contradiction et m'oblige à me persuader de choses qui sont loin d'emporter mon assentiment. Pour chaque sujet abordé, il y a environ trois pages. Les thèmes peuvent aller de l'existence de Dieu au mal, en passant par le travail, le credo... Chaque cours est truffé de citations de notre grand Homme. Mais je préfère de loin citer les Évangiles... Préparer ces séances ne m'est pas désagréable en soi, j'aime assez potasser et ce travail intellectuel me sort un peu de la routine. Ces réunions sont sympathiques, et j'édulcore à ma façon certaines affirmations doctrinales qui me choquent, comme le fait de considérer les protestants comme des hérétiques, ou l'obligation, pour la confession, d'être séparé du prêtre par une grille. J'essaye de déborder un peu du cadre rigide qui m'est imposé. Néanmoins, la fantaisie a des limites puisqu'une deuxième surnuméraire assiste au cours, sa fonction étant de poser les « bonnes » questions, de donner vie aux cours par sa participation et de me seconder discrètement, mais aussi, me semble-t-il, de veiller à l'orthodoxie de ce que je dispense. Mais peut-être n'est-ce là qu'un reliquat de paranoïa...

Preuve que je suis surveillée de près, une numéraire m'explique un jour qu'il ne faut pas que je perde mon temps avec des amies protestantes puisqu'elles sont hérétiques. Cela demanderait trop d'efforts de les amener à l'Œuvre. Je dois donc me concentrer sur les catholiques. Il est vrai que dans les cours de doctrine, il était écrit noir sur blanc que l'Église réformée était une secte. Déclaration pour le moins très éloignée des essais d'œcuménisme de Vatican II ! Ces cours sentent un peu le renfermé, pour le moins. Mais il semblerait que cela soit une constante dans l'Opus Dei.

Le fait même d'appartenir à l'Œuvre, nous enseigne-t-on, vous place au-dessus de la troupe des chrétiens lambda. Le fondateur demandait, paraît-il, que nous vivions « dans l'humilité ce complexe de supériorité » : de quoi attraper la grosse tête et développer le sentiment que nous sommes des élus, presque des saints. Une citation de *Chemin* au point 850 illustre parfaitement ce mépris absolu et affiché pour le reste de l'humanité : « Quelles conversations ! Quelles bassesses et quel dégoût ! – Et il te faut vivre avec eux, au bureau, à l'université, dans la salle d'opération..., dans le monde.

Si tu les pries de se taire, ils se moquent de toi.

Si tu fais la grimace, ils insistent. Si tu t'en vas, ils continuent.

La solution ? D'abord, les recommander à Dieu et faire réparation ; puis... les affronter virilement et employer "l'apostolat des gros mots". Lorsque je te verrai, je t'en dirai à l'oreille tout un répertoire. »

Pour échapper à cette étrange vision du monde, je me suis créé un cercle d'amies parallèles. Des jeunes femmes que je rencontre aux sorties d'école et qui n'ont rien à voir avec l'Opus Dei. Mais même avec elles, je reste silencieuse sur ma vie personnelle. Je ne sais plus ce qu'est vraiment l'amitié, ni comment ça marche. L'Œuvre a déjà fait ses ravages, je ne me comporte plus normalement. Ce sont elles qui parlent et se confient, et moi je ne dis rien. Je me cantonne à des sujets anodins comme les enfants, le jardinage, la décoration... Néanmoins, nous passons de bons moments, et je me sens libre avec elles car je n'ai pas d'apostolat à réaliser. Ma directrice spirituelle n'est pas au courant de ces fréquentations. Elle ne connaît que mes amies « convenables ». Francine, par exemple, a cinq enfants, est mère au foyer, son mari est informaticien. Mon mari et moi les fréquentons et commençons notre apostolat en les conviant à des cours d'éducation familiale. Comme d'autres amies, Francine est intéressée et n'est pas opposée à l'Opus Dei. Mais je les aime trop pour leur accrocher aux pieds le boulet de la « vocation » !

7

Opus Dei premier servi

Une grande partie des activités de l'Opus Dei, à commencer par l'apostolat, est menée à bien par des membres surnuméraires. Cela prend beaucoup de temps, au détriment de la famille. Mais à cette objection l'Opus Dei sort sa carte réponse de l'échelle des valeurs, qui est la suivante :

1. Dieu
2. Famille
3. Travail
4. Vie sociale

Analysons un peu cette échelle. Dieu passe en premier. « Dieu premier servi. » Comme l'Opus Dei représente Dieu sur terre, il passe en premier aussi. Le travail, en réalité, est également prioritaire puisque c'est le moyen de sanctification propre à l'Œuvre. Sans vie sociale, pas d'apostolat, donc pas de service de Dieu ! D'où, dans la réalité quotidienne, la dégringolade de la famille en quatrième position.

Les surnuméraires sont accaparées par leurs normes et leurs activités. La famille trinque, et quand j'ai le malheur d'en parler à ma directrice spirituelle, elle me conseille tout simplement de prendre femme de ménage et nurse ! On croit rêver ! Être mère au foyer serait donc si peu un travail « sanctifiant » que les mamans doivent se faire remplacer à la maison pour faire du prosélytisme. La sanctification du travail ne devrait-elle pas d'abord s'appliquer à la famille ? Il y a là une incohérence qui m'a toujours frappée.

Pourtant, l'Opus Dei conseille, pour ne pas dire plus, d'avoir une famille nombreuse. Mais en contrepartie, l'Œuvre n'assume absolument pas le temps que les surnuméraires doivent vouer à leur famille et à leurs enfants.

On est allé jusqu'à me demander (me « conseiller ») de sevrer rapidement l'un de mes enfants afin de pouvoir profiter pleinement d'une retraite spirituelle. Mais le nourrisson n'étant pas très gros, l'allaitement s'avérait profitable pour lui. Ce fut mon excuse et l'on fut bien obligé de supporter bébé.

On nous répète d'ailleurs qu'il faut considérer l'Œuvre comme un enfant supplémentaire, mais on oublie d'ajouter que cet enfant supplémentaire passe avant et qu'il doit être le chouchou ! Les autres, il nous faut les confier à des nourrices, et beaucoup de surnuméraires acceptent cet ordre des choses. C'est le devoir d'obéissance envers les directrices spirituelles. « À l'Opus Dei, c'est obéir ou s'en aller » ; cette citation, tirée de la tradition orale, se retrouve partout.

En fait, une surnuméraire qui n'a pas d'emploi et qui obéit aux injonctions de l'Œuvre, si elle n'y prend garde, devient une quasi-numéraire. Ces femmes sont de la main-d'œuvre gratuite pour le développement de l'Opus Dei.

Je me suis toujours demandé si les familles de l'Opus Dei n'étaient pas là uniquement pour donner naissance à de futurs membres de l'Œuvre, et si la promotion de la famille n'était pas qu'une vaste fumisterie.

Il suffit de regarder le rapport que cette institution entretient avec la vérité pour nourrir de sérieux doutes. Pour l'Opus Dei, tout est bon, et de la dissimulation au mensonge il n'y a qu'un pas... que numéraires et surnuméraires sont priés de franchir allègrement. Et là, plus question de péché.

Le mensonge prend toutes sortes d'atours : « discrétion », « restriction mentale ». Dès que l'on rencontre l'Opus Dei, faire le tri entre ce que l'on doit dire ou ne pas dire devient une seconde nature. Souvent, les gens fréquentent l'organisation sans même le savoir, et une fois qu'ils sont appâtés, on commence à leur distiller à doses homéopathiques quelques informations. De même, combien de membres de l'Œuvre ont-ils caché à leur famille leur appartenance à cette prélature ? Je pense à ce juif converti au catholicisme et devenu prêtre de l'Opus Dei dans le plus grand secret et à l'insu des siens. Même chose pour cette surnuméraire qui participait aux sessions de formation en cachette de son mari auprès duquel elle inventait des bobards insensés pour justifier ses absences et ses dépenses. Elle en était venue à prendre un nom d'emprunt pour signer les livres qu'elle écrivait et qui étaient édités par Le Laurier, maison très proche de l'Œuvre. Moi-même, je n'ai jamais dit à mes parents que j'étais surnuméraire. J'avais, dès le début, appris sinon à mentir, du moins à ne pas tout dire, même à ma famille proche. Il est assez fréquent dans les clubs que les numéraires demandent aux jeunes de ne pas parler de certaines choses à leurs parents, le plus souvent au sujet des enseignements et du questionnement sur une éventuelle vocation, un appel de Dieu, dans lequel la famille ne doit pas interférer.

Même le vol perd sa nature de péché. Il devient, dans la langue de l'Œuvre, « compensation occulte ». C'est ce que m'a expliqué un jour mon mari : les salariés sont tellement exploités que lorsqu'ils peuvent s'approprier quelque chose qui traîne, argent, produits publicitaires, ils ne doivent pas se priver, ils y sont même incités. Comme je lui ai demandé d'où il tenait cela, il m'a répondu que c'était un enseignement qui leur avait été donné à un cercle. Est-ce vraiment le cas ? Zola est mis à l'Index, mais le vol est encouragé. Drôle de logique !

Les membres sont absous d'avance. Ils en oublient qu'ils ne représentent que des instruments, car l'Opus Dei se désintéresse de la personne, jetée dehors lorsqu'un scandale éclate. L'individu, en vérité, n'est rien d'autre qu'un fusible.

Il n'y a qu'à lire le point 617 de *Chemin*, ainsi que tout le chapitre sur l'obéissance pour comprendre : « Obéissez comme un instrument obéit aux mains de l'artiste – un instrument ne se demande pas pourquoi il fait ceci ou cela – assurés que jamais on ne vous ordonnera rien qui ne soit bon et tout à la gloire de Dieu. »

Et lorsque l'instrument ne donne plus satisfaction, ou quand il devient carrément encombrant, on le jette. Alors, les lampistes peuvent être montrés du doigt. L'Œuvre a pignon sur rue, elle est hors d'atteinte. Le fondateur est canonisé. Sa statue est déjà érigée au Vatican. Mais personne ne se dresse contre cette machine de pouvoir. Au contraire, presque tout le monde s'y soumet. L'autorité de l'Opus Dei est déjà assise à Rome, avec ses pions placés tout près du pape, en tout cas sous le règne de Jean-Paul II.

Ils ont ainsi utilisé mon mari avant de l'écarter quand il n'a plus eu d'argent et qu'il a commencé à s'opposer notamment aux pratiques financières de l'institution. Entre autres, mon époux remettait en question le prêt à intérêt et les pratiques boursières. Pour cela, il s'appuyait sur divers écrits de Pères de l'Église, de papes et autres pointures ecclésiales. Il se refusait aussi à prendre un travail dans la société civile, car il jugeait cela comme une participation au péché et ne voulait pas en être complice. Son refus de travailler a sans doute été le coup de grâce. À partir de ce moment, l'Œuvre l'a éjecté contre son gré. Car les numéraires décident qui a, n'a pas ou n'a plus la vocation. Mon conjoint, lui, n'a pas vu le coup venir. Il est tombé de haut ! Pendant des années, il avait sacrifié sa vie de couple et de famille à la « vocation » sans sourciller.

8

Ménage à trois

En 1983, je me marie sous le regard éberlué de mes amies. Je voulais, elles le savaient, avoir de nombreux enfants, mais toute seule. D'ailleurs, c'est ce qui m'arrive aujourd'hui, clin d'œil de la vie !

Avant même notre mariage, l'Opus Dei s'est immiscé dans notre relation de couple. Cela continuera pendant treize ans. Combien de fois ai-je reproché à mon mari d'être plus marié à l'Œuvre qu'à moi ? Ces récriminations n'ont provoqué aucun changement de sa part.

Dès le départ, l'Opus Dei s'est mêlé d'affaires très personnelles. Lorsque j'ai rencontré mon fiancé, il avait les cheveux assez longs, qui lui donnaient un air romantique. Quelque temps plus tard (j'avais déjà demandé mon admission), il est revenu avec une coupe quasi militaire. Quand je lui ai demandé ce qui lui avait pris, il m'a répondu que son directeur spirituel lui avait conseillé de se faire couper les cheveux, car cela faisait plus propre et était plus conforme à l'esprit de l'Œuvre. J'ai été sidérée.

Ils décident des petites choses, mais se mêlent aussi de choix autrement plus importants. Même si l'image peut sembler déplacée et un peu extrême, je comparerais l'Opus Dei à un amant ou à une maîtresse. Il se crée pour chacun des conjoints comme une double vie. L'Opus Dei est omniprésent. Dans mon ménage, il passait avant tout.

Quelques années après l'épisode de la coupe de cheveux, alors que mon mari est dans une carrière professorale toute tracée, son directeur spirituel, encore lui, l'incite à se diriger plutôt vers le privé, le travail en entreprise, car cela « rapporte plus ». Ce « conseil » est donné sans tenir compte ni de mon avis, ni de celui de mon mari, ni du bien-être de la famille. Et mon époux a obéi !

Dès le début de mon mariage, j'ai reproché à mon mari, alors professeur, de consacrer son temps disponible à l'Opus Dei et non à la famille. L'apostolat, très prenant, était en fait comme un deuxième emploi, non rémunéré. Je me suis confiée à un numéraire qui m'a répondu : « Ton mari est un bon et digne fils de Josemaría Escrivá de Balaguer. » Et cela a continué ainsi pendant treize ans. Le père de mes enfants accompagnait ses amis aux retraites auxquelles il les invitait (en plus des siennes), et en les payant sur nos fonds propres bien entendu. Et les sessions de formation dans l'Opus Dei coûtent cher, sans aucun souci des finances de la famille. Toutes ces retraites supplémentaires sont de l'argent donné à l'Œuvre au lieu d'être donné à la famille.

Avec un tel emploi du temps, les week-ends sont réduits à leur plus simple expression et tout le travail domestique repose sur moi. Mais surtout, je ne dois pas me plaindre. Autour de l'Œuvre s'articulent les différentes activités annexes de la famille, quand celle-ci a le temps d'en avoir...

Notre vie de famille était quasiment inexistante. Nous n'étions pas les seuls. Nous avons rencontré l'un des grands manitous de l'éducation familiale. Un père de seize enfants, dont il exhibait la photo à tout propos, qui voyageait de par le monde pour enseigner les grands préceptes de l'éducation familiale. Cet homme recevait les honneurs et bénéficiait de la considération de toute la hiérarchie. On le citait en exemple et on louait son énergie, sa disponibilité, ses talents d'organisateur. Et lui ne perdait pas une occasion de rappeler à tous ses immenses mérites. La grande oubliée de l'histoire, c'était sa femme, accessoirement la mère de ses seize enfants, qui, elle, éduquait seule sa progéniture, pendant que monsieur faisait le beau à des centaines de kilomètres de sa famille. Que pouvait-il donner comme conseils alors même qu'il se cantonnait à la théorie sans jamais passer au stade des travaux pratiques ?

Je me souviens du premier cours d'orientation familiale auquel j'ai assisté. C'était à Genève, chez un couple, au moment de mon mariage. Chacune de ces séances est animée par un modérateur, chargé de diriger les débats et de mener la discussion. Ce soir-là, il nous a fait étudier un cas d'école où des parents rencontraient des difficultés pour élever leurs enfants, et où les relations de couple s'en trouvaient affectées. Je ne sais plus à propos de quel problème ce modérateur a soudain lâché une phrase selon laquelle il fallait éviter de contracter un mariage avec un conjoint dont les parents auraient divorcé, car c'était aller directement à l'échec. Étrange présupposé. Cette affirmation m'a scandalisée pour la charge de préjugés et l'étroitesse d'esprit qu'elle véhiculait. Cela relève du déterminisme, bien éloigné de la liberté évangélique !

Dans la même perspective, il nous était « vivement recommandé » de ne pas recevoir à notre table des personnes vivant en concubinage, ni d'accepter d'être reçus chez eux, car cela reviendrait à accepter, au moins en apparence, leur façon de vivre. Nous pouvions à la rigueur les inviter, mais en étant très clairs sur leur « péché », et dans le but de les amener au mariage, si nous avions l'impression qu'ils étaient ouverts à cette idée.

Au fil de mon existence quotidienne durant ces treize années, je prends peu à peu conscience de l'influence de l'Opus Dei sur ma vie de couple. Chacun de notre côté, mon mari et moi recevons des « conseils » de nos directeurs respectifs. Mais jamais nous ne nous faisons de confidences mutuelles sur le contenu de ces discussions. Combien de choix de vie, de décisions que je pense venir de mon mari sont en fait les desiderata des numéraires ? Nous avons perpétuellement entre nous une personne – voire plusieurs. Notre mariage ne se réduit pas à deux conjoints, mais à une union de plusieurs personnes, en tout cas quatre avec nos deux directeurs spirituels, eux-mêmes chapeautés par le ou les prêtres des centres, eux-mêmes chapeautés par le prélat. C'est dire qu'il y avait du monde dans notre mariage ! Peut-on encore appeler cela une union ? Personnellement, je réponds non. Car c'est l'Opus Dei qui décide du destin de la famille.

Avoir une famille nombreuse par exemple est une quasi-obligation, c'est un « label » de bonne conduite. Cela tombait bien : j'ai toujours voulu beaucoup d'enfants. L'Œuvre nous impose ce modèle mais, par la suite, elle n'en assume aucune des conséquences, refusant de prendre en charge ces petits perturbateurs, sauf pour commencer à les enrôler à partir de huit ans. Jusqu'à cet âge, tout se passe comme si l'enfant n'existait pas. Ainsi l'allaitement en public est-il prohibé : « Cachez ce sein que je ne saurais voir. »

Encore une fois, la chair est dénigrée. Par esprit de contradiction, j'avais acheté, lors d'un voyage, une représentation de la Vierge allaitant l'Enfant Jésus. Le sein de la Vierge était bien visible, et le mouvement de succion du bébé fort bien rendu. J'adorais cette image qui avait été faite avec beaucoup de pudeur. Ma révolte et mon opposition sortaient comme elles pouvaient.

Je me souviens de vacances en Espagne à El Tozal. Nous étions invités par un couple de surnuméraires. Le mari était ce grand ponte de l'éducation familiale, père de seize enfants, qui ne voyait guère sa progéniture. Mais à l'époque, je le connaissais mal. Je venais d'accoucher de mon premier bébé. Notre vie estivale était bien réglée, entre le plan de vie, les moyens de formation et les diverses sorties. À un moment de la soirée, nos hôtes nous ont invités à réciter le chapelet avec eux, en famille. Ils avaient à leurs côtés trois de leurs enfants, âgés de treize à huit ans. Nous nous installons. J'avais mon bébé dans les bras et m'apprêtais à lui donner le sein tout en récitant le chapelet. L'expert en orientation familiale s'est levé furibond et, sans préavis, m'a intimé l'ordre de me retirer dans ma chambre pour faire « ça », m'expliquant que ses enfants risquaient d'être choqués. Comment faisait donc la maman à l'arrivée d'un nouveau-né ? Les aînés ne l'avaient-ils jamais vue allaiter leur petit frère ou leur petite sœur ? Mais dans quoi étais-je tombée ? La rébellion bouillait en moi, j'étais ulcérée. Mais j'étais l'invitée, je me suis donc soumise et suis montée dans ma chambre sans broncher, même si j'ai trouvé ce comportement tout à fait névrotique.

L'obligation d'enfanter à intervalles réguliers conduit les directrices spirituelles à opérer une surveillance à peine discrète sur l'espacement des naissances. Plusieurs fois j'ai été chargée de me renseigner sur l'attente prolongée d'un bébé chez une surnuméraire. Là, les recommandations, toujours les mêmes, sont données : ouverture à la vie, générosité face à la vie, accueil de la vie, « chaque enfant vient avec un pain sous le bras », « Dieu pourvoit ». Aucun motif n'est assez sérieux pour accepter même les moyens de régulation naturelle des naissances. L'Opus Dei se montre plus catholique que le pape. Alors que le choix d'avoir ou de ne pas avoir un enfant est normalement une question qui concerne les deux conjoints et seulement eux, l'Opus Dei s'autorise à pénétrer dans l'intimité du couple et à imposer ses décisions, à régenter sa fécondité. Quand il n'impose pas ses dogmes à plus grande échelle.

Cela se passe au Pérou. Une association française s'est établie dans un petit village de l'Altiplano. Elle ouvre une école, pour les enfants, mais aussi pour les parents : cours d'hygiène, de couture, d'alphabétisation... Cette région est très pauvre. Les enfants (trop souvent non désirés) sont maltraités. Il y a beaucoup de violences en tout genre. Cette association a pour objectif de remédier à cette misère, et de permettre aux familles de s'en sortir afin qu'elles puissent offrir un avenir à leurs enfants. Un dispensaire est ouvert, pour pallier les manques d'hygiène et favoriser les vaccinations... mais aussi pour permettre à ceux qui le souhaitent d'accéder aux moyens de contraception. Ces efforts sont couronnés de succès pendant plusieurs années. Des familles plus heureuses, des enfants plus épanouis, une diminution sensible des violences et larcins. Mais un nouveau ministre de la Santé est nommé. Il est membre de l'Opus Dei. Sa politique consiste à faire obstruction à l'approvisionnement de tous les moyens contraceptifs dans les dispensaires. La personne qui s'occupe de l'association m'a rapporté que depuis cette nomination, il y avait eu une recrudescence de tout ce contre quoi elle avait lutté jusqu'à présent : misère, enfants battus et exploités.

En France, cette intrusion dans le couple est moins spectaculaire mais tout aussi discutable. Le rapport qu'entretiennent les numéraires à la relation conjugale est à la fois dogmatique et intrusif. Une anecdote est systématiquement donnée en exemple lors de causeries sur la vie conjugale : il s'agit d'un couple qui après cinquante ans de mariage est porté aux nues car monsieur n'a jamais vu madame ni décoiffée ni démaquillée !

Il nous était demandé, à mon mari et à moi, lorsque nous allions ensemble dans un centre, soit masculin, soit féminin, de nous tenir « correctement ». Les rares fois où nous nous y sommes rendus tous les deux, c'était la plupart du temps lors de la messe de Noël, nous nous pliions à cette recommandation et nous ne nous donnions pas la main. Aucun signe extérieur de tendresse n'est en effet admis. Sans doute cela n'a-t-il jamais gêné mon mari, car dans sa famille, le jansénisme était de rigueur. Mais moi, cela me dérangeait, je trouvais insensé qu'un couple ne puisse pas se comporter comme tel. Était-ce pour éviter que les numéraires ne regrettent leur célibat ?

Ces derniers aimaient aussi donner en exemple, pour illustrer le thème du sacrifice, l'histoire du couple que j'appelle « corrida ». Pendant de nombreuses années de mariage, le mari et la femme sont assidus aux spectacles de corrida, chacun des conjoints pensant faire plaisir à l'autre. C'est après plusieurs décennies qu'accidentellement ils se rendent compte que ni l'un ni l'autre n'apprécie ce spectacle. Étrange éloge de la dissimulation dans le couple !

Les directrices spirituelles nous répètent que la religion est partie intégrante de la vie, qu'elle ne se situe pas en parallèle, mais qu'elle doit s'amalgamer au quotidien.

Mais en même temps, rien ne doit filtrer entre les sections féminine et masculine. Je n'apprendrai que tardivement, et par déduction, que mon mari, avant sa disgrâce, est devenu zélateur, et qu'il a fait sa fidélité. Un zélateur est un surnuméraire qui peut, comme un numéraire, organiser des cercles, voir être directeur spirituel. Je n'en sais pas plus. Mon mari ne m'avait jamais confié qu'il avait obtenu le « grade » de zélateur. La fidélité est un engagement plus radical et quasi permanent. Plus besoin de se réengager chaque année. Mais cela montre bien que dans l'Opus

Dei, il y a des degrés, des niveaux. Il y a les initiés et les autres.

Pourquoi, alors que j'étais moi-même de l'Œuvre, m'a-t-on tenue à l'écart de la progression de mon conjoint ? Pourquoi lui-même me l'a-t-il cachée ? Parce qu'on le lui avait recommandé ?

Je dois certainement ignorer encore beaucoup des responsabilités que mon mari avait prises au sein de l'Œuvre. En témoigne aujourd'hui, dans une procédure de divorce éprouvante et interminable, le choix qu'il a fait d'un avocat « proche » de l'Opus Dei. Alors même qu'il a été évincé de l'Œuvre, qu'il prétend ne pas avoir les moyens de payer ses pensions alimentaires, mon mari peut avoir accès à un ténor du barreau parisien dont les honoraires doivent largement dépasser le tarif syndical. L'ombre de l'Opus Dei aura donc plané sur mon mariage... et sur mon divorce.

9

« C'est ta croix! »

Dès le début de notre mariage, mon mari me dit clairement que je n'ai pas droit à la parole. Lorsque nous invitons des amis, lui seul peut animer la conversation. Mon rôle est d'être une bonne cuisinière, de servir et débarrasser le couvert. Pour résumer, il me demande d'être une potiche. Je suis priée de ne pas le contredire, de ne pas m'opposer à lui, de ne pas prendre parti contre lui, même pour les choses les plus insignifiantes. Je dois être son miroir, son reflet. Je dois penser comme lui. Autant dire que je ne dois pas penser. Mes idées sont bannies, seules les siennes comptent. Je me révolte contre ce diktat, je ne me laisse pas faire. Mais au bout du compte, je ne récolte que cris, insultes et menaces.

J'essaye de mon mieux de discuter avec lui, de lui dire que le mariage n'est pas la disparition d'une personnalité en faveur de l'autre. Rien n'y fait. Il me répond que je ne dois pas lui faire honte. En réalité, il reproduit à l'identique le modèle du couple parental qu'il a connu et avec lequel il a vécu jusqu'à l'âge de vingt-cinq ans. Mais à ce cadre s'ajoute le vernis de l'Opus Dei.

L'Œuvre crée des secrets entre les conjoints et s'immisce dans l'intimité des couples ! Obsédés par l'image, les numéraires s'en tiennent aux apparences : un couple se doit d'être lumineux et joyeux, même si à l'intérieur du mariage tout va mal – comme ce fut mon cas. J'ignorais à peu près tout des activités de mon conjoint au sein de l'Œuvre. De même, je n'ai jamais confié mes lourds problèmes conjugaux à mes amies et aux couples que je fréquentais. Je faisais bonne figure, et nous étions priés de jouer la comédie du bonheur. Personne ne pouvait se douter de quoi que ce soit. Le commandement « Soyez un foyer lumineux et joyeux » gouvernait notre vie et nos actions extérieures.

En 1985, peu de temps après notre mariage, je confie au prêtre de l'Œuvre de la section féminine de Genève mes déboires et ma lassitude. J'essaye tout au moins. Lorsque en confession je tente de tirer la sonnette d'alarme, de faire comprendre que le comportement de mon mari me fait peur et ne me laisse pas la liberté de m'exprimer, on me répond simplement : « C'est ta croix, porte-la et ne te plains pas, soyez un foyer lumineux et joyeux. » Une réaction pareille est-elle digne d'hommes de foi ? Je suis déjà abasourdie, humiliée, quand le prêtre qui me recommande de porter ma croix me demande si j'ai « eu de la satisfaction ». En clair, si j'ai ressenti du plaisir. Comme si j'avais pu en éprouver dans de telles circonstances. Mais il ne semble pas que cela pose le moindre problème à quiconque. Après tout, la première coupable est la femme qui se refuse à son mari, et de ce fait ne remplit pas son « devoir conjugal »... Le plus fort l'emporte toujours !

Je me trouve devant un mur. Aucune parole constructive. Les seuls mots qui résonnent sont : « Patience, croix, foyer lumineux et joyeux. » Mais fi du malaise conjugal ! Pas une tentative pour comprendre. Pas même un semblant de question concernant nos problèmes. Rien. Occultés. Nous sommes un couple de l'Opus Dei, tout ne peut être que parfait. Je suis ressortie du confessionnal humiliée.

Mon mari et l'Opus Dei me traitaient à l'identique. Les deux me niaient. Je n'existais plus. À cause de l'Œuvre, qui, en dehors de ma famille, occupait la quasi-totalité de ma vie et de mon temps, j'ai dû attendre plusieurs années que ce calvaire prenne fin. Les conséquences de cette attitude sont assez évidentes. Je me retrouvais dans un double enfermement : mon mari d'un côté et, de l'autre, cette organisation qui m'ordonnait de porter ma croix en silence.

S'il y avait eu discussion, si un prêtre ou un numéraire s'était intéressé à la réalité de notre relation conjugale et non à ses seules apparences, peut-être les choses auraient-elles été différentes. Nul ne peut le savoir, et il ne sert à rien de refaire le monde.

Lorsque j'arrive en Alsace, en 1993, je ne change rien à mes habitudes. Je ne parle à personne, j'essaye de toujours afficher un visage souriant et une humeur égale et joyeuse. Si je dis quoi que ce soit, qui me croira ? Ma précédente expérience m'a appris que cela ne sert à rien. Un jour pourtant, à l'occasion d'une confession, alors que rien ne va plus dans mon couple et que je craque, je parle de tout cela au prêtre. J'espère qu'il va m'aider. Parler avec mon mari. Quelle naïveté ! J'obtiens avec cet homme exactement le même résultat, avec quasiment, mot pour mot, le même conseil : me taire, ne pas me plaindre, être joyeuse... et porter ma croix !

Porter sa croix, c'est l'un des leitmotive de l'Opus Dei. J'ai porté ma croix. J'ai gentiment obéi. Pour la défense de ces prêtres, on pourra toujours objecter que je n'ai pas été assez explicite, pas assez claire dans mes accusations. Sans doute. Peut-être n'ont-ils véritablement pas compris qu'il y avait un problème, mais dans ce cas, pourquoi donner des conseils s'y rapportant ? Et me répondre : « Porte ta croix, soyez un foyer lumineux et joyeux » ? Mais au fond de moi, je suis persuadée, même si j'ai été très prudente dans mes plaintes, que la hiérarchie savait ce qui se passait dans notre couple. Ils connaissaient parfaitement mon mari, et ne pouvaient faire abstraction de ce que je leur avais confié. Se sont-ils assurés auprès de mon époux de la véracité de ce que je leur avais dit, ont-ils cherché à creuser pour en savoir plus ? Et en confession, le prêtre recevait-il les confidences de mon conjoint ? Si oui, pourquoi n'ai-je pas été aidée ? Si non, pourquoi le prêtre qui avait reçu mes doléances n'a-t-il pas profité de la confession pour discuter avec mon mari des problèmes et des agissements dont je me plaignais ? Qu'a-t-il fait ? Rien du tout, à mon avis.

Bien sûr, je ne suis pas entrée dans le confessionnal en criant : « Mon mari me tape dessus, il me donne des claques chaque fois que je le contredis, il me force à avoir des rapports conjugaux... faites quelque chose ! » C'est vrai, je n'ai pas dit cela.

Il ne s'agit pas de dévoiler notre intimité mais de faire comprendre la pression que j'ai subie pendant toutes ces années. Le fait de n'avoir été ni écoutée ni même entendue par ce prêtre m'a choquée. J'aurais voulu qu'il soit attentif, qu'il relève les mots que je lui disais, qu'il cherche à comprendre. Que ce soit lui qui mette les mots sur ma souffrance.

Au lieu de cela, il me balance un « Porte ta croix et soyez un foyer lumineux et joyeux ». Ses conseils m'ont assommée, au sens propre. Et démolie. Il savait, et il m'a laissée partir sans rien faire. Il ne pouvait ignorer que notre couple n'était qu'une image idyllique, une illusion. Mais notre image servait l'Œuvre, c'était le principal, l'essentiel. Le reste, une femme et des gamins... broutilles !

L'Opus Dei n'était pas, à l'évidence, ma vocation. Et mes directrices spirituelles se trompaient lorsqu'elles affirmaient que j'avais tout pour faire une bonne surnuméraire. Quant à mon mari, il me disait que ce serait la honte pour lui si je venais à quitter l'Œuvre.

Quand vous êtes pris en étau de cette manière, il est très difficile d'agir. Car, quoi que vous fassiez, vous vous heurtez à l'un de ces deux murs invisibles et parfaitement raccordés.

Je me suis séparée de mon conjoint en 1999. Mon divorce a mis beaucoup de temps à être prononcé puisque, paraît-il, j'appartiens à mon mari et ne peux donc pas échapper à mon sort ! Toutes les arguties juridiques auront été employées pour retarder l'échéance. Après huit ans de procédure, j'en sors à peine.

En 2005, j'ai témoigné dans un magazine appartenant à la presse catholique. On m'a poliment demandé de retirer la mention de l'Opus Dei, qui risquait, m'a-t-on dit, de poursuivre cette publication en justice. J'ai finalement livré un court témoignage sur Internet, intitulé « Treize ans dans l'Opus Dei ». C'était en mars 2006.

En mai 2006, mon témoignage donnait lieu à la réaction suivante signée d'un monsieur habitant Strasbourg, comme moi :

« J'ai de très bons amis qui ont fait partie de l'Opus Dei et qui sont partis pour suivre leur chemin après plus de quinze ans comme numéraires, ils se sont mariés chrétiennement, ils ont des enfants et sont heureux.

Personnellement touché par le témoignage de Mme V.R. sur ce site, je peux garantir que celui qu'elle avait épousé et qui fut pendant un temps membre de l'Œuvre n'en fait *plus du tout* partie depuis plus de sept ans.

Je pense qu'être membre de l'Opus Dei ne garantit pas que l'on soit saint d'entrée de jeu. Mais je sais qu'il est impossible de faire croire longtemps que l'on est membre de cette famille de l'Église catholique en même temps que l'on fait des choses aussi laides que celles dont parle Mme V.R.

Dans toutes les familles du monde il y a des brebis perdues, et les chrétiens font ce qu'ils peuvent pour elles, car c'est ce que Jésus-Christ leur a dit de faire. Mais sans jamais forcer personne, même pour l'aider.

Amicalement. »

M. B.D., Strasbourg (France),
catholique, 12/05/2006.

Bien gentil comme réponse, mais un peu court tout de même ! Mon mari a été surnuméraire durant quatorze ans ! L'expression « qui fut un temps membre de l'Œuvre » est donc plus qu'un euphémisme. Quant à l'affirmation « n'en fait *plus du tout* partie », cela me pose question. Peut-on sortir de l'œuvre à moitié ? Personne n'a répondu à la question qui continue de me hanter : pourquoi, alors que nous étions tous les deux membres de l'Œuvre, les prêtres n'ont-ils rien fait ?

J'ai éprouvé du ressentiment. Je ne veux pas me venger mais montrer du doigt tous ces gens qui ont, j'en suis sûre, su ce qui se passait au sein de notre couple, mais qui n'ont pas voulu intervenir, préférant jouer les autruches. Ils pourront toujours objecter que je n'ai jamais crié haut et fort, que je n'ai jamais saisi la justice... Aujourd'hui, j'agirais tout différemment. Mais la peur, les peurs ont été pour beaucoup dans mon silence tout comme mon manque de courage. J'étais avec mon mari tous les jours, et j'étais seule face à lui. Et puis, il y avait les enfants. Ils ont été mon refuge ; ils sont ma joie et ma fierté. Je ne pouvais pas tout casser d'un coup. Ils étaient encore petits. Ils n'auraient pas compris. Ils en auraient peut-être souffert.

Les prêtres et les numéraires qui ont détourné les yeux ont été d'une passivité intolérable. Sans doute pensaient-ils que j'avais là une très bonne mortification. Quand je pense que parmi ces numéraires qui ne pouvaient tout ignorer il y avait un avocat ! Je suis presque sûre que si j'avais accusé mon mari à l'époque, cet avocat l'aurait défendu. On se rend service entre membres.

J'ai donc porté ma croix silencieusement et avec le sourire. Je n'avais personne d'autre que l'Œuvre vers qui me tourner. Ma famille ? J'avais trop honte et je ne voulais pas lui faire de peine. Les amis ? Personne ne m'aurait crue. La police ? Pour obtenir quoi ? J'étais seule. Ceux qui pouvaient m'aider étaient les prêtres de l'Œuvre, mais ils n'ont rien fait. Le plus inquiétant même, c'est qu'ils n'ont pas remis en cause mes dires, ils n'ont pas cherché à en savoir plus. Ils ne se sont pas montrés le moins du monde étonnés, ils n'ont même pas proposé une confrontation entre mon mari et moi. Comme s'ils savaient, comme s'ils étaient au courant depuis longtemps, mais que mon sort leur indifférait.

Après tout, je ne suis qu'une femme. Et une femme, à l'Opus Dei, est-elle vraiment plus qu'un chien ?

10

La femme est-elle un chien?

Ancienne numéraire espagnole qui fut la secrétaire de Josemaría Escrivá de Balaguer, María del Carmen Tapia rapporte dans un livre les propos peu amènes que le fondateur a tenus à son endroit : « Tu es une grande hypocrite, une mauvaise femme ! Tu es vile, tu es la lie. » Il la menace de la déshonorer publiquement si elle parle de l'Opus Dei à qui que ce soit : « Tu es une mauvaise femme, une perfide, une corrompue. Écoute bien : putain ! Cochonne ! »

Initialement, le père Escrivá de Balaguer ne veut pas de femmes dans sa fondation. Il n'y a que les hommes qui l'intéressent, et la sainteté est uniquement pour eux. C'est plus tard, par une prétendue révélation divine, qu'il comprend que la section féminine de l'Opus Dei doit être créée. Celle-ci naît le 14 février 1930. En vérité, le recrutement de femmes répond surtout à un besoin très prosaïque.

Il y a dans chaque section féminine les numéraires agrégées, qui jouent un rôle stratégique : elles sont chargées du ménage. Bien entendu, il n'existe pas d'équivalents masculins. C'est un partage des tâches fort classique ! La présence des numéraires agrégées est donc tolérée dans les centres masculins mais elles doivent y entrer par une porte de service de manière à ne pas croiser un homme. Cela peut paraître incroyable ou risible, pourtant je n'invente rien. Tout est calculé pour qu'aucune rencontre ne soit possible. Ces numéraires agrégées sont des domestiques invisibles qui travaillent dans l'ombre. On voit là la méfiance maladive du fondateur poussée à son extrême. Ou alors les membres numéraires masculins sont-ils tellement frustrés qu'ils seraient dans l'incapacité de se maîtriser ? Et pourquoi, dans ce cas, ne pas carrément demander aux hommes de se consacrer aux tâches domestiques les concernant ?

Il n'est donc pas difficile d'entrevoir les origines – bien peu célestes – de la révélation reçue par le fondateur !

Alors que je suis surnuméraire, des cours sont organisés pour les épouses, les mamans. On y apprend comment faire son ménage le plus vite possible, comment éviter de perdre du temps, quel appareil acheter pour être tout à la fois rapide et économe... Rien de répréhensible, bien sûr. Jusqu'au jour où je comprends le but final : pouvoir donner le plus de temps possible à l'Opus Dei.

Ces séances, à défaut d'être toujours intéressantes, sont du moins utiles. Mais nous faisons l'objet d'une sorte de contrôle continu, où l'on exige de nous d'être sans cesse plus performantes. C'est une espèce de compétition, d'épreuve d'endurance et de vitesse à la fois. Laquelle sera la plus parfaite, la plus dans le moule ?

L'un des maîtres mots est « efficacité ». Dans tous les domaines. Même les prières sont débitées très rapidement, sans aucune profondeur, ni aucun recueillement. Les messes aussi sont expédiées. Car plus on va vite, plus on peut accomplir de choses, y compris les actes de piété. Et plus on en fait, plus on grimpe dans l'échelle de la sainteté. À l'Opus Dei, c'est la quantité qui compte !

De la vie quotidienne des hommes, je ne peux guère témoigner, tant les événements mixtes sont rares. Les croisements entre les deux sections se produisent lors des réunions publiques avec le Père, où se rassemblent les membres masculins et féminins, ainsi qu'au moment des célébrations des messes anniversaires de Mgr Escrivá, où sont conviés les amis et les membres de l'Œuvre des deux sections. Mais ces événements ne donnent lieu à aucun échange.

J'ai toujours eu l'impression que pour l'Opus Dei, la femme était là pour faire des enfants et servir son mari. « C'est par l'estomac que la femme tient son mari », dixit Escrivá. « Faites-vous ravaler la façade ! » lance-t-il à l'adresse de ses auditrices : propos d'une infinie délicatesse... Pourquoi les femmes uniquement et pas les hommes ? Ne serions-nous que de simples objets de décoration ?

Dans les cours d'éducation familiale, lors de l'étude de cas, les problèmes viennent toujours de la femme : elle n'a pas su, elle n'a pas fait, elle n'a pas dit, elle a mal agi... La femme est sans cesse accusée, elle est coupable de tous les maux. Puisque la maman est seule éducatrice, si l'enfant pose problème, la faute revient nécessairement à la mère. C'est bien connu : il n'y a que ceux qui ne font rien qui ne se trompent jamais. L'épouse doit être bien mise, agréable à regarder et de bonne humeur. Le repas doit être prêt à l'arrivée de monsieur. Ces conseils de vie domestique nous étaient souvent donnés lors d'enseignements et de méditations. Et à l'époque, je correspondais à ce schéma, je l'ai accepté et m'y suis soumise. L'Opus Dei a réussi à m'inculquer sa vision de la femme. Quelle horreur !

Autre domaine où la femme est encore seule et unique coupable : la contraception. Lors de la confession, quand la pénitente est une femme, le prêtre de l'Opus Dei demande assez vite si elle utilise des moyens de contraception. Si la réponse est positive, le prêtre demande à cette femme si elle est prête à cesser de les prendre. Si c'est non, le prêtre décrète alors que la confession ne peut être valide, car il n'y a pas le désir de corriger la faute puisque la pénitente préfère rester en état de péché mortel.

On imagine l'impact que peut avoir l'Opus Dei sur la vie d'un couple dont l'un des deux n'est pas membre. Et l'on comprend d'autant l'urgence qu'il y a à favoriser l'entrée du deuxième conjoint. Cela, sous couvert de « vocation » ! Après être passée à la moulinette de la confession, je me suis demandé si les mêmes questions indiscrètes étaient posées aux hommes. D'après ce qu'on m'a rapporté, le prêtre les interroge rarement sur ce thème.

Il est impossible de comprendre cette inégalité de traitement entre l'homme et la femme sans trouver ses sources dans l'obscurantisme le plus inouï : la femme est inférieure parce qu'elle est tout simplement impure. Délire féministe ? Paranoïa rétrospective ? Je ne crois pas.

Ainsi, pour la messe, il faut bien entendu préparer l'autel. Dans les centres féminins, cette tâche est effectuée par les numéraires ou surnuméraires présentes. Les femmes n'ont pas le droit de toucher directement les vases liturgiques – patène, ostensoir et calice – et doivent, pour les prendre, passer leurs mains sous un linge blanc afin de ne pas être en contact direct avec eux ! Sait-on jamais, elles pourraient les contaminer ! Ce n'est pas le problème de l'impureté face aux objets liturgiques que je remets ici en cause, mais le fait que l'impureté soit uniquement du côté féminin. Dans les centres masculins, les membres ne s'embarrassent pas de tout cela, ils sont purs, eux, et prennent calices, patènes... à mains nues.

Cet exemple n'est pas isolé. Du temps où j'appartenais à l'Œuvre, la femme n'avait pas le droit non plus de faire les lectures lors des messes. L'accès au chœur était réservé aux prêtres et aux hommes, la femme en était considérée comme indigne... sauf, bien entendu, pour y faire le ménage ou pour fleurir l'autel ! Aujourd'hui, je crois néanmoins savoir qu'il y a eu une légère amélioration et quelques changements positifs dans ce domaine.

Après avoir appris aux femmes à servir leur mari, à se tenir disposées à la liturgie, on leur enseigne aussi comment s'habiller. La tenue vestimentaire est strictement réglementée : pas de pantalon (du moins jusqu'en 1996 pour les numéraires), pas de décolleté, pas de jupe courte, pas de débardeur, pas de vêtement moulant. Pour le maillot de bain, il convient d'adopter le une-pièce, le nombril ne pouvant être vu que par le mari – comme il me le fut enseigné lors d'une causerie sur la pureté ! Pas de dessous affriolants, cela va de soi ! Les numéraires, dont l'expérience est des plus réduites, « conseillent » les surnuméraires sur ce point. Les sous-vêtements « grand-mère » sont de rigueur. Bonjour la libido ! Ces multiples restrictions, et tout ce qui les accompagne, ont pu, sans doute, mettre certains mariages en péril. Surtout lorsque l'époux ou l'épouse n'était pas membre de l'Œuvre. Personnellement, je n'ai jamais été très bavarde sur ma vie de couple et son intimité. C'était une manière comme une autre pour moi de tenir les numéraires à distance. C'étaient mes affaires, pas les leurs. Et parler de cela dans mon salon à trois heures de l'après-midi, avec quelqu'un que je connaissais à peine, avec qui je n'avais pas nécessairement d'affinité, ne me tentait pas. Lorsque ma directrice spirituelle abordait ce sujet, je répondais laconiquement que tout allait très bien. Et tant pis si c'était faux.

La façon de se tenir pour les femmes est aussi réglementée. Il est interdit par exemple de croiser les jambes pendant la messe. J'ai reçu plusieurs corrections fraternelles à ce propos.

On nous l'a assez dit et répété : il ne faut pas susciter la tentation. La tentatrice étant bien entendu la femme. Dans l'Œuvre, la chair est encore considérée comme un objet de péché, comme une chose sale, même si Mgr Escrivá parle du lit conjugal comme d'un autel. Il y a dans l'Opus Dei une aversion manifeste à l'égard de tout ce qui a trait au corps. On lit ainsi dans *Chemin* au point 226 : « Puisque tu sais que ton corps est ton ennemi et l'ennemi de la gloire de Dieu, parce qu'il l'est de ta sanctification, pourquoi le traites-tu avec tant de mollesse ? »

La méthode, reconnaissons-le, est efficace. À force d'entendre ce genre d'idée sur la chair, et le sentiment de péché que cela induit, on ressent une espèce de dégoût pour tout ce qui a rapport avec la sexualité. Seule la procréation fournit une excuse, et encore, en dernier recours. C'est ce qui ressort du point 28 de *Chemin*, le livre de chevet des membres de l'Opus Dei : « Le mariage est pour la troupe et non pour l'état-major du Christ. Alors que manger est une exigence de l'individu, procréer n'est qu'une exigence de l'espèce, les individus pouvant s'y soustraire. Soif de paternité ?... Si nous sacrifions l'égoïsme de la chair, nous laisserons des enfants, de nombreux enfants, et un sillage ineffaçable de lumière. » En clair, le « sillage ineffaçable de lumière » ne peut être laissé que par les numéraires, nous autres petits surnuméraires ne laissons derrière nous qu'une bande de morveux.

Comment, en lisant ce texte, ne pas penser que les numéraires sont l'« état-major du Christ », alors que nous, les surnuméraires, ne sommes que « la troupe » ? D'où nécessairement l'établissement d'une hiérarchie entre numéraires et surnuméraires, où ces derniers doivent obéissance aux premiers. Les petits surnuméraires que nous sommes n'avons pas su résister à la chair, en cela nous sommes faibles, coupables.

Lorsque le fondateur crie haut et fort que la vocation à l'Opus Dei est unique et la même pour tous les membres, il semble qu'il y ait tromperie sur la marchandise. L'égalité est loin d'être effective.

Au plus bas de l'échelle opusienne se trouve donc la femme surnuméraire, voire peut-être l'agrégée qui manie la serpillière, je ne sais laquelle des deux détient la dernière place. Disons qu'elles sont ex aequo. La plupart du temps, ce mépris est dissimulé. Mais il arrive qu'il ressurgisse, comme en cet automne 1995, lors d'une rencontre à Couvrelles.

Un prêtre nous donne un enseignement sur l'âme et sur la différence entre l'homme et l'animal. Il nous cite saint Thomas d'Aquin, docteur de l'Église et philosophe préféré et incontesté de l'Opus Dei... Ce prêtre nous déclare, sans autre cérémonie, que la femme est à l'égal du chien. Sur quinze auditrices environ, nous ne sommes que deux à réagir. Réaction plus que tempérée d'ailleurs. Le prêtre prétendra par la suite qu'il ne s'agissait que d'un « brin d'humour ». Il n'empêche que la plupart des femmes présentes ont admis la chose sans broncher, ce qui donne une idée de ce que l'Œuvre leur avait laissé de dignité. Quant à l'humour de ce prêtre, il est peut-être révélateur d'un sentiment plus profond.

Il marque aussi une propension inouïe à prendre les textes anciens à la lettre. Je suis persuadée que si saint Thomas d'Aquin revenait aujourd'hui, avec les progrès de la science et autres découvertes, il reverrait quelques-unes de ses déclarations ! L'Opus Dei, lui, garde cet enseignement et le diffuse sans discernement !

Lors de l'installation du centre masculin à Lausanne, les surnuméraires que nous étions avions fait le ménage à fond, vitres comprises. En valsant avec nos horaires et nos obligations familiales. Seul le prêtre nous a remerciées. Aucun des numéraires n'a daigné le faire. Normal, nous ne sommes que des servantes.

C'est d'ailleurs écrit, dit et répété à l'intérieur de l'Œuvre : « Les femmes sont pécheresses et sont responsables de ce que nous avons été chassés du jardin d'Éden. La seule possibilité pour elles d'alléger leur culpabilité, c'est d'accepter de se soumettre... Vous devez être des tapis sur lesquels les gens peuvent marcher » (propos entendus par un grand nombre de personnes lors d'une soirée d'information sur l'Opus Dei, à Dornbirn, Australie, été 1994 – cité dans T. M. Hofer : *Gottes rechte Kirche*). Il n'est pas besoin de chercher si loin. Je rappelle ici la devise de la section féminine : « *Sancta Maria, spes nostra, ancilla domini, ora pro nobis* », servante du Seigneur...

11

La liste de saint Joseph

En plus des normes, il y a l'apostolat et le prosélytisme. Contrairement à ce que dit et répète l'Opus Dei, il s'agit d'un exercice obligatoire.

Être de l'Œuvre est en effet un travail à plein temps.

Le devoir d'apostolat, c'est parler de Dieu, de la religion (catholique) à nos amis. Le prosélytisme se situe un cran au-dessus : il faut assurer la promotion de l'Opus Dei, « amener les âmes à l'Œuvre ». En tant que surnuméraire, il était bien vu d'inviter nos amies aux sessions de formation organisées par l'Œuvre. Voire de les accompagner aux retraites afin d'êtres sûres qu'elles s'y rendent bien et pour faire montre d'amitié. Ces retraites où nous accompagnions nos protégées, nous devions les payer en plus des nôtres propres. Notre mission finalement était des plus simples : comme dans les entreprises, on nous fixait un objectif annuel que nous devions réaliser.

Chaque année, toute surnuméraire digne de ce nom doit prendre sous son aile trois personnes dans le but final de les faire « siffler ». Afin de mener à bien cette tâche, elle note sur une feuille une liste où figurent les noms de trois amies à prospecter. On appelle cela la liste de saint Joseph. Ce document identifie les « cibles » et est conservé dans les centres de l'Œuvre. Mais l'apostolat est une tâche bien plus vaste. Il nous faut avoir à l'esprit que par nos actes, nos paroles, nous devons amener les gens à Dieu, être pour eux des modèles, des exemples. Toute conversation doit nécessairement déboucher sur Dieu pour être féconde. Sinon, il ne s'agit que de bavardage inutile, de temps perdu, de mondanités. Nous sommes tenus de devenir des êtres spirituels entièrement tournés vers Dieu.

Nos amies sont « triées » et nous ne fréquentons que les personnes « intéressantes », comprenez intéressantes pour l'Œuvre. Les proies doivent avoir un mari doté d'une situation professionnelle avantageuse, à moins qu'elles n'exercent elles-mêmes un bon métier, qu'elles aient un certain niveau de vie et un certain style. On nous désigne parfois celles qui doivent devenir nos amies. Je ne parle qu'au féminin car l'idée même d'une amitié masculine est tout bonnement exclue.

Nous avions, mon mari et moi, un couple d'amis qui fréquentait l'Opus Dei assez assidûment, mais n'en étaient pas membres. Leurs enfants (trois) s'entendaient bien avec les nôtres, nous aimions nous balader et discuter ensemble. Lui était professeur et apprécié comme éventuel candidat à l'Œuvre. Je ne sais pas si mon mari l'a mis une année sur sa liste de saint Joseph, mais moi, j'avais mis sa femme sur la mienne. Or, un jour, la directrice est venue me voir et m'a demandé de retirer le nom de cette femme de ma liste et de le remplacer par une autre. Lorsque j'ai demandé pourquoi, elle m'a simplement répondu que cette dame n'avait pas la vocation à l'Œuvre. Qu'est-ce qu'elle en savait ? Elle a ajouté que c'était une personne négligée, au physique disgracieux, au tempérament nerveux frisant l'anormalité et qui certainement offrirait une mauvaise image... Toujours cette obsession ! Pourtant, cette femme avait la foi et était vraiment conquise par l'enseignement de l'Opus Dei. Je pensais que la vocation à l'Œuvre était une disposition de l'âme, et que l'aspect physique ou le statut social n'entraient pas en ligne de compte. Quelle naïveté ! J'ai bien essayé de garder ma liste avec ses trois noms, mais finalement, j'ai obéi, comme d'habitude, et j'ai remplacé un nom par un autre.

La vocation à l'Œuvre est donc un alibi facile pour opérer un « tri social » entre les postulants. Où est le fameux appel de Dieu ?

À l'inverse, il existe aussi ce que j'appelle de l'acharnement prosélyte.

J'avais invité une de mes connaissances de sorties d'école à une récollection au centre de l'Œuvre. Cette amie avait tout de suite été accueillie à bras ouverts par les numéraires qui l'ont beaucoup appréciée et m'ont félicitée de l'avoir amenée au centre. À vrai dire, je n'avais pas trop de mérite, car cette femme était très croyante et pratiquante, et lorsque je lui avais parlé d'un temps de prière un après-midi, elle avait aussitôt accepté l'invitation. Au sortir de la récollection, alors que nous rentrions ensemble, elle me confia que l'endroit où elle était allée n'était pas son truc, et que même si les gens étaient fort sympathiques, elle ne comptait pas y retourner. J'acquiesçai et ne lui reparlai plus de récollection. Nous étions amies, et l'Œuvre n'entrait pas dans nos discussions. Je respectais son choix. Mais ma directrice ne voyait pas l'histoire de cet œil-là. Chaque fois que j'avais un entretien avec elle, elle me questionnait sur cette femme. Elle m'incitait à resserrer les liens avec elle, car elle pensait qu'elle avait la vocation à l'Opus Dei. Il me fallait la convaincre de revenir au centre, lui parler de sa sainteté... Je me demande si l'on ne peut pas comparer cette façon de faire à de l'acharnement, ou même à du harcèlement. Finalement, j'ai répondu à ma directrice que mon amie était très engagée dans sa paroisse, et que cela lui suffisait amplement. J'ai fini par avoir la paix. Mais après une lourde insistance.

Entre le tri sélectif et le prosélytisme insistant, l'instrumentalisation de l'amitié est totale. D'ailleurs l'expression « faire amitié » utilisée dans l'Opus Dei résume bien ce devoir, qui devient vite une corvée.

Car rien dans l'amitié n'est vrai. Tout devient calcul et manipulation. On finit par oublier totalement la personne puisque le seul intérêt réside dans son recrutement. La relation perd son sens. Alors qu'elle devrait être un échange, elle devient unilatérale : seule la « cible » se confie, tandis que la surnuméraire détient la solution aux problèmes. Celle qui reçoit est toujours la même, celle qui donne aussi.

« Si votre fécondité apostolique est insuffisante, si vous n'avez pas une ou deux vocations par an, posez-vous la question de votre engagement à la sainteté. » La formule est souvent citée au moment des causeries sur l'apostolat. La sainteté serait donc fonction d'un simple calcul arithmétique ? Elle dépendrait du nombre de réussites en prosélytisme, tout serait une question de statistiques ? Étrange vision de la spiritualité.

Cette citation sur l'obligation de « fécondité apostolique » est publiée dans les revues internes de l'Opus Dei : *Noticias* pour les femmes et *Cronica* pour les hommes. Ces documents ne doivent en aucun cas sortir des centres. Ils sont lus ou feuilletés par les seuls membres et uniquement sur place.

Comme dans les métiers de la vente, il faut aussi rendre compte de l'avancée de notre entreprise chaque semaine à notre directrice spirituelle. Mes résultats personnels sont déplorables. Je culpabilise, et en même temps, je ne peux pas aller contre ma nature, qui se refuse à piéger mes amies. Je ne suis sans doute pas assez modelée par l'esprit de l'Œuvre. Heureusement pour moi ! Et heureusement pour mes amies.

Si réaliser mon plan de vie et assister aux sessions de formation ne me pose pas trop de problèmes, je me braque sur l'apostolat par l'amitié, je fais un vrai blocage. Ce que je supporte pour moi, je ne veux l'imposer à personne d'autre.

Au cercle hebdomadaire, chacune des membres peut se faire mousser sur ses succès en matière de recrutement. Il en émane un esprit de compétition larvé, et aussi un sentiment d'infériorité pour les moins performantes. Le fait de voir les autres si actives, si apostoliques, vous remet en question et vous amène à la même conclusion : le problème, c'est vous. Combien de fois après un cercle suis-je ressortie pleine de bonnes résolutions, avec le désir de mieux faire, stimulée par l'exemple de mes sœurs, résolue à donner plus de temps et d'énergie à mes travaux d'approche ! Mais une fois arrivée chez moi, hors du contexte, toutes ces résolutions retombaient comme un soufflé.

L'apostolat n'est pas seulement une discipline individuelle. C'est aussi un sport collectif. L'Œuvre propose plusieurs formules pour attirer les brebis égarées. Les cours d'orientation familiale, ou éducation familiale (émanant de l'université de Navarre régie par l'Opus Dei), sont ainsi donnés à des couples dans le but de les aider dans leur vie de famille et leur travail d'éducation. Mais le but non avoué et pourtant premier est de les faire adhérer. Ces réunions sont mixtes et permettent de cibler les couples. En réalité, on se fiche des problèmes éducatifs qu'ils peuvent affronter.

Les cafés Éducation, également appelés mères éducatrices, spécialement destinés aux mères de famille, font passer le même message sous une autre forme.

Enfin, les cours de doctrine (non mixtes) ont une orientation plus religieuse, plus spirituelle. Ils tendent à prouver que l'Église catholique détient l'unique vérité et que l'Opus Dei est le chemin privilégié vers la sainteté. Ils sont, plus encore que les précédents, conçus pour convertir les personnes qui y assistent.

Ces trois grands rouages ont pour unique but d'accroître le nombre des vocations à l'Œuvre. Ces moyens de formation ne sont que des alibis pour approcher les cibles. Ce sont des hameçons auxquels vont s'accrocher les vocations supposées.

Pour séduire les âmes, l'Opus Dei se doit de montrer une image enviable de perfection. Toute fausse note dans le décor doit donc être tue ou cachée. Ainsi, un jour, il arrive un « drame » à une surnuméraire de ma connaissance. Sa fille est enceinte hors mariage (comme près de la moitié des futures mamans de nos jours !). Alors que nous nous fréquentions au moins une fois par semaine, j'ai appris la nouvelle de manière accidentelle, à la naissance du bébé. Durant les neuf mois de grossesse rien n'avait filtré. Il y a des sujets tabous que l'on n'aborde pas, même entre membres. C'est un peu comme un échec opusien, une petite faillite collective. Les familles de l'Opus Dei sont des modèles de « réussite », de morale catholique, elles ne doivent pas tomber dans les fourvoiements et la débauche actuels.

Pourtant, si nous avions su, nous aurions pu aider cette femme, prier pour elle et avec elle. Mais non, elle a vécu cela seule, sans doute honteuse, entourée de quelques numéraires qui peut-être la culpabilisaient. Tout cela parce que le blason Opus Dei perdait de son éclat ! Le déni est plus grand encore pour les familles de l'Œuvre dont les enfants se droguent. Personne n'en parle, tout le monde fait comme si cela n'existait pas. J'ai en mémoire deux cas dont j'ai eu connaissance par des voies détournées, et toujours accidentellement. Jamais rien n'avait été mentionné, jamais une demande de prière pour ces familles n'avait été formulée. Efficacité apostolique oblige !

Ce prosélytisme commence d'ailleurs au plus près de nous, auprès des plus vulnérables : nos enfants. On m'a plusieurs fois conseillé de prier pour leur vocation. Il me fallait demander à Dieu, par l'intercession de l'incontournable Escrivá de Balaguer, que mes enfants aient la vocation à l'Œuvre, et si possible la vocation de numéraire. J'avoue n'avoir jamais prié à cette intention. C'était bien la dernière chose que je leur souhaitais.

Il est fréquent, dans une famille de l'Opus Dei, d'avoir plusieurs enfants membres de l'Œuvre. Comme si la vocation était génétique. Il y a surtout un bourrage de crâne, d'autant que les enfants de surnuméraires baignent dans ce milieu depuis leur naissance. Comment échapper au conditionnement induit par ce cocon ? Les enfants vivent au rythme des normes de leurs parents. Ils côtoient les filles et les fils d'autres surnuméraires, fréquentent les clubs de l'Opus Dei, et pour certains vont à l'école dans des établissements de l'Œuvre. C'est une éducation en vase clos. Les enfants ne connaissent rien d'autre que l'Opus Dei. Quoi d'étonnant à ce qu'ils contractent la vocation ? Ils n'ont pas vraiment d'autre choix.

Et cet « élevage » peut aller loin. En Espagne, il existe un village de vacances spécialement conçu par et pour des familles de l'Œuvre. On s'y retrouve pour passer les vacances et les membres peuvent acheter un *tozalito* (petite maison) qu'il peuvent louer ou prêter à d'autres familles de l'Œuvre exclusivement. C'est là que nous étions allés une année avec notre premier enfant et où avait eu lieu l'épisode déplaisant de l'allaitement. Ce village s'appelle El Tozal. Il est conçu comme une sorte de Club Med, avec des maisonnettes, des appartements, une piscine, un court de tennis, et de gentils organisateurs opusiens, bien sûr... Là, durant les vacances, les adeptes continuent de recevoir une formation afin de ne pas perdre les bonnes habitudes alors que l'été est souvent synonyme de baisse de régime spirituel. Tous les problèmes liés aux vacances sont ainsi résolus. La piscine du village ne regroupant que des membres de l'Œuvre, il n'y a pas matière à pécher par la vue ou à devoir trouver une plage « décente ». Quant aux enfants, ils se fréquentent entre eux et demeurent à l'abri des mauvaises rencontres. El Tozal est l'Éden opusien. Comment ne pas choisir l'Opus Dei quand on ne connaît que ça ? Est-ce que cette manière de s'immiscer dans tous les moments de la vie de famille ne suscite pas des interrogations ?

12

Rien n'est gratuit

Toute cette mécanique bien huilée a un coût. Et les préoccupations au sein de la prélature redeviennent souvent bassement matérielles. L'Opus Dei a adopté saint Joseph comme patron des finances. Sans doute parce qu'avec lui, Marie et Jésus n'ont jamais manqué de rien. C'est donc saint Joseph que nous prions lorsque surviennent des besoins financiers. Si l'Œuvre cultive en tout l'opacité, il est un domaine où prévaut une obscurité absolue : l'argent, objet d'un culte presque obsessionnel.

« On ne peut servir deux maîtres à la fois, Dieu et Mammon », dit l'Évangile de Matthieu (6, 24) : cette maxime semble en tout cas ne pas s'appliquer à l'Œuvre qui arrive fort bien à servir les deux !

Il ne se passe pas un moment sans que cette question ne soit abordée d'une façon ou d'une autre. Que ce soit pour demander aux coopératrices ou aux amies de l'Œuvre des dons pour telle ou telle ouverture de centre, ou pour exposer la précarité voire la misère dans laquelle se retrouvent des numéraires lors de l'implantation de l'Opus Dei dans certaines contrées, proches ou lointaines. Il est fait appel soit directement, soit indirectement à notre générosité et à celle de nos amies car l'apostolat a aussi son volet financier, qui me met très mal à l'aise : il nous faut quémander auprès de notre entourage, amical ou familial. Toujours pour la bonne cause, bien entendu !

Chaque membre surnuméraire doit payer son écot. On lui demande de considérer l'Opus Dei comme un enfant supplémentaire et de lui verser chaque mois une partie de son salaire. Quand dans un couple, et c'est souvent le cas, les deux conjoints sont surnuméraires, cela représente une part non négligeable du revenu, d'où l'importance d'avoir un bon job. C'est pourquoi l'Opus Dei recrute plus volontiers dans les couches aisées de la société, l'élite chère à son fondateur. C'est soi-disant parce que « le poisson pourrit toujours par la tête » qu'il faut évangéliser le haut du panier pour que le reste suive. Mais c'est aussi, à mon avis, parce que les « têtes » sont mieux payées et peuvent donc donner plus à l'Œuvre. Bien sûr, comme partout il y a des exceptions, quelques membres de condition modeste, que les séances de communication de l'Opus Dei mettent en avant face aux journalistes pour montrer que tous les milieux sont les bienvenus. Mais cette présentation ne correspond pas à la réalité. En touchant l'élite, l'Opus Dei fait coup double : elle répand son idéologie par le sommet dans tous les secteurs, et récolte une dîme substantielle appelée l'apport.

Cet apport est considéré comme une aide aux activités apostoliques, mais aussi comme une participation aux frais engagés par les sessions de formation. Or, au moment du contrat, rien de tout cela n'est stipulé. Si ma mémoire est bonne, le contrat (oral) entre l'Opus Dei et le membre se résume uniquement au fait que l'Œuvre formera spirituellement le membre, et que celui-ci acceptera la formation dispensée. Jamais, je crois, il n'est fait mention d'une quelconque cotisation. Combien de membres auraient peut-être discuté ce point financier avant de demander leur admission et de faire leur « entrée solennelle » dans l'Opus Dei ?

Je vais essayer de faire un bref calcul de l'apport que nous versions, selon mon souvenir :

Apport mensuel, pour le couple : 183 euros.

Club : 40 euros par trimestre et par enfant.

Retraite : 122 euros chacun, à quoi s'ajoute le prix du billet de train (40 euros chacun en moyenne). Une retraite est obligatoire chaque année. Mon mari, qui était zélateur, en faisait jusqu'à trois par an. Soit un budget retraites d'environ 650 euros par an.

Rencontre : entre 183 et 250 euros chacun, à quoi s'ajoute aussi le prix des trajets (40 euros minimum chacun) soit 290 euros par an.

Les camps d'été pour les enfants, non reconnus par l'État, ne bénéficient d'aucune subvention. Ils reviennent à environ 300 euros par enfant.

Pour une famille de trois enfants – ce qui représente une moyenne basse pour l'Opus Dei –, l'addition s'élève à près de 400 euros par mois. Sans compter les « extras », comme une contribution plus élevée au moment de Noël. Cela se traduit par une coquette somme pour l'Opus Dei et un gros sacrifice pour la famille.

Or, les lieux où nous passions les retraites ou les rencontres étaient souvent des propriétés de l'Opus Dei. Les frais d'hébergement étaient donc modiques, et la main-d'œuvre, comme à Couvrelles, était gratuite. Couvrelles est en effet une école hôtelière de l'Opus Dei. Les élèves s'exercent donc au métier lors des différents rassemblements organisés par l'Œuvre. Il y a aussi les numéraires agrégées, employées aux tâches domestiques au sein des centres et autres lieux de la prélature. Nous payons donc pour recevoir des cours, et ces cours, lorsqu'on fait le calcul, sont facturés très cher, d'autant que ce sont souvent les membres qui les dispensent bénévolement.

En plus, nous sommes sollicités ponctuellement pour aider financièrement à l'ouverture d'un nouveau centre, à l'achat de nouvelles aubes, à la construction d'une nouvelle chapelle... Il y a toujours une bonne œuvre à laquelle participer.

L'Opus Dei réalise-t-il de substantiels bénéfices grâce aux diverses contributions de ses membres ? Difficile à dire. L'argent circule en effet à travers un réseau dense d'associations et de sociétés dont on sait peu de choses, c'est un euphémisme. Rien n'appartient directement à l'Œuvre si ce n'est la maison mère, la villa Bruno Buozzi à Rome. Et encore : l'organisation ne concède que depuis peu en être propriétaire. De mon temps, jusqu'en 1996, on nous avait appris que *rien* n'appartenait à l'Œuvre, une institution qui se doit d'être pauvre... du moins en apparence.

Les cours que nous recevions sur la manière de répondre à nos détracteurs m'ont toujours paru assez fumeux. Et les raisonnements et explications que j'entendais sur le sujet ne m'ont ni éclairée ni convaincue. D'ailleurs, je ne me souviens de rien, si ce n'est que l'Opus Dei est le plus souvent locataire. Pour le reste, j'ai toujours considéré que cette prélature avait un problème avec l'argent.

Les réponses qui nous sont faites, lorsque nous osons objecter, sont symptomatiques. Lorsque l'on se plaint que telle retraite est trop onéreuse, on nous répond que tout travail mérite salaire ; quand il s'agit de rémunérer des personnes qui ont travaillé pour l'Œuvre, on nous demande d'éviter de les payer et de prôner l'esprit de service.

Un 26 juin, lors d'une messe dédiée au fondateur de l'Opus Dei, il nous fallait organiser une garderie, car des enfants à la messe, c'est trop bruyant. J'ai embauché les deux jeunes filles de mes voisins, leur promettant un petit salaire car les enfants étaient assez nombreux. Lorsqu'à la fin de la messe j'ai suggéré aux numéraires de faire passer une petite enveloppe pour les jeunes filles, on m'a rétorqué que les baby-sitters devaient apprendre l'esprit de service, que c'était la plus belle chose que l'on pouvait leur donner. J'ai payé de ma poche les jeunes filles, et trouvé scandaleux le comportement des numéraires et le double langage de la prélature. Le mot qui me vient à l'esprit pour qualifier cette attitude est « exploitation », et en aucune façon « générosité ».

Est-ce par esprit de service que le prélat circule en limousine de luxe noire ? Un ami, en guise de plaisanterie, me disait qu'à l'inverse des trois blancheurs de l'Église – l'Eucharistie, Marie et le pape –, on pouvait dire que l'Opus Dei avait ses trois noirceurs : soutane, limo, Ray Ban. C'est de l'humour mais, finalement, c'est un bon slogan.

Les numéraires sont en général très bien logées, dans de vastes appartements joliment meublés, alors qu'elles ne sont que quatre ou cinq. J'ai beaucoup de mal à voir dans tout cela où se trouve l'esprit de pauvreté, même si, pour reprendre les mots de Mgr Escrivá, la pauvreté ne doit pas être synonyme de misère.

Ces laïcs du troisième type ont un mode de vie bien plus confortable que la plupart de leurs contemporains. La pauvreté selon Escrivá, ce n'est pas ne rien posséder, mais c'est être détaché de ce que l'on a. Pour illustrer ce propos, il raconte l'anecdote suivante. Une comtesse, très riche, donne de son argent aux bonnes œuvres sans compter. Elle est détachée de ses biens. De son côté, un clochard va manger à la soupe populaire. Ce clochard a une petite cuillère en argent avec laquelle il mange sa soupe. Cette petite cuillère, il la regarde, la nettoie. Il ne la prête à personne. Lorsqu'il a fini de s'en servir, il la range avec le plus grand soin dans sa poche. Ce clochard est très attaché à sa petite cuillère. Selon Escrivá, ce mendiant est plus « riche » que la comtesse car plus attaché à son bien ! Être indifférent à ce que l'on a, c'est bien joli. Cela suppose déjà que l'on possède quelque chose, et que l'on ne craigne pas les lendemains. Le jugement que porte Mgr Escrivá de Balaguer – le mendiant « mauvais riche », la comtesse « bonne riche » – est, pour moi, injuste et faux.

Parmi les recommandations que nous recevions, il en est une que j'ai toujours trouvée complètement absurde : la frugalité. Il nous était conseillé, lorsque nous étions invités à un repas, de manger un « petit quelque chose » avant, de façon à ne consommer ensuite qu'avec beaucoup de modération. Comme cela, les gens pouvaient dire de nous que nous étions sobres. Quelle hypocrisie ! Serait-ce un péché de manger ? Ou bien les membres de l'Opus Dei sont-ils si mal élevés et goinfres qu'ils sont incapables de se tenir à table ?

Tous ces enseignements et ces diktats m'imprègnent, malgré moi. Au point qu'au bout de ces treize ans, je ne sais plus où j'en suis.

13

Dédoublement de personnalité

Pendant toutes ces années, j'ai d'une certaine manière répondu à l'hypocrisie par l'hypocrisie. J'ai vécu de manière complètement dédoublée : d'un côté la bonne petite surnuméraire, de l'autre celle que je demeure profondément.

C'est après mon départ de l'Œuvre que j'ai commencé à percevoir le processus psychologique que j'avais inconsciemment mis en place. J'ai fini par comprendre qu'il y avait eu deux personnes en moi ou plutôt deux personnalités en une personne. Souvent, dans les premières années de mon appartenance, je m'insurgeais plus ou moins contre tel ou tel propos, mais je me suis montrée de moins en moins courageuse, je l'avoue. Au départ, je ruais dans les brancards, je posais des questions qui dérangeaient. Puis, à force de ne pas être entendue, d'être invitée à « faire confiance », voire à « porter ma croix », j'ai étouffé mes critiques. J'affectais d'accepter béatement tout ce que les numéraires m'enseignaient. Je faisais comme les autres. J'écoutais, acquiesçais et répétais. Je devenais une machine doctrinale. Un mouton de Panurge. Et finalement je m'en suis bien portée. Je parlais le moins possible, afin de ne pas commettre d'impair. Extérieurement j'étais la surnuméraire parfaite, intérieurement je bouillais.

Au milieu des années quatre-vingt, nous sommes à une rencontre à la *Tschudiwiese,* dans le canton de Saint-Gall. Un matin, alors que nous assistons à un enseignement, nous recevons la visite du petit ami de l'une des surnuméraires présentes. Il fait son service militaire dans le coin et, passant par là, il a décidé de venir dire bonjour à sa fiancée. Rien d'anormal à cela. C'est même plutôt touchant. Il arrive avec croissants et petits pains pour tout le monde. Il est bien reçu et peut discuter avec l'élue de son cœur. Avec juste une petite restriction : ils ne doivent pas rester seuls. Après négociations, la numéraire me désigne pour chaperonner les amoureux. Je me souviens encore de la gêne et du malaise que j'ai ressentis. Lorsque je fais part de mes réserves à la numéraire, celle-ci me répond que c'est pour leur bien, afin de leur éviter un éventuel péché de la chair et de ne pas susciter, voire encourager de gestes déplacés. Très embarrassée, j'accompagne donc les amoureux. Je me sens de trop et leur demande de faire comme si je n'étais pas là... Difficile ! J'aurais dû envoyer paître cette numéraire, mais au lieu de cela, j'ai bêtement obéi. Obéir : le mot d'ordre à l'Opus Dei.

Cette soumission apparente est renforcée par ma crainte des fameuses corrections fraternelles. Je fais le maximum pour éviter ces situations humiliantes, dans lesquelles je redoute de perdre mon calme. Je me conforme donc à ce qu'on attend de moi.

Mais plus le temps passe, plus il devient difficile de garder ma vraie personnalité. Petit à petit, elle se délite et j'ai le plus grand mal à sauvegarder mes pensées propres. Je me surprends à juger la tenue vestimentaire de telle femme croisée dans la rue, de déplorer une conversation que je trouve tellement éloignée du but principal de la vie qu'est la sainteté. Il me vient même à l'esprit des critiques concernant les couples qui n'ont pas autant d'enfants qu'ils le devraient. Tous ces jugements de valeur qui gravitent dans mon esprit, ce n'est pas moi ! Mais ils colonisent mes pensées. L'Opus Dei se répand comme une tache d'encre sur le buvard que je suis.

Lorsque je rembobine mes treize années dans cet univers, je distingue, toujours en filigrane et de manière floue, la femme que je suis ; celle qui ne voulait pas être surnuméraire. Cette image de contestation est toujours présente, bien que timide.

Ce dédoublement, je ne peux pas l'expliquer. Comment ai-je adopté cette façon de faire ? Je l'ignore. Elle s'est imposée d'elle-même comme un moyen de survie. Un jour, j'ai compris qu'inconsciemment, j'avais sauvegardé la Véronique d'antan. Pour employer une métaphore informatique, je l'avais mise à la corbeille, mais je n'avais pas vidé la corbeille. Je ne pourrais pas dire si ces deux entités étaient totalement séparées ou si elles s'imbriquaient l'une dans l'autre. Je comprends à peine aujourd'hui ce qui s'est passé en moi.

En tout cas, lorsque j'ai pris conscience de cette personnalité qui survivait en moi, j'ai su qu'un jour je quitterais l'Opus Dei. Et qu'alors je n'hésiterais pas. Cette certitude m'a permis de tenir. C'était mon secret, précieux, invisible et inviolable. Elle était mon espoir. Elle m'a aidée à accepter mon présent. La part de soumission en moi s'amenuisait de jour en jour, discrètement. J'ai joué le jeu jusqu'à la dernière minute. Surtout ne pas me faire remarquer, ne plus me laisser endoctriner, résister à l'inquisition des numéraires. Rester bien tranquille dans mon coin. J'ai attendu treize ans.

Treize années, c'est tout à la fois peu et beaucoup. Mais la patience a fini par payer. C'est dans ce même état d'esprit que j'ai vécu quinze ans avec mon mari. Je savais que ce ne serait pas éternel. Dans mon cas, il est difficile de dissocier mon histoire conjugale de mon passage à l'Opus Dei, car les deux sont intimement liés. L'Œuvre m'isole des autres, l'Œuvre refuse de m'aider et donc ferme volontairement ou involontairement les yeux sur les comportements inquiétants de mon mari. Je suis coincée. Et surtout, je n'ai ni les moyens ni les ressources matérielles et psychologiques pour quitter mon mari et partir de l'Opus Dei. Il me faut attendre le moment propice. Au bout de treize ans, des portes se sont ouvertes et je m'y suis engouffrée.

Bien évidemment, cette expérience ne laisse pas intact. Faire les choses, les entendre, les réciter, se faire corriger, vous façonne et même si je ne suis pas en accord avec l'Opus Dei, j'en suis pour une grande part imprégnée. L'éducation se fait dans la répétition, l'endoctrinement (que j'appelle le formatage) aussi. Chaque semaine, chaque mois, chaque année, les mêmes discours, les mêmes enseignements, les mêmes conseils. La répétition vous fait acquérir des automatismes. Petit à petit, elle remplace votre pensée. Les idées, les vérités que l'on vous rabâche à longueur de temps sont celles que votre cerveau libère en premier, elles deviennent instinctives, comme les réflexes. Vous en arrivez à dire des choses que votre cerveau a emmagasinées, mais qu'en réalité vous ne pensez peut-être pas. Par exemple, la confession : pour encourager mes amies à franchir le seuil du confessionnal, j'en suis venue à leur louer les bienfaits de ce sacrement, alors que je ne le comprends toujours pas. De même en ce qui concerne les enfants, lorsque l'on me demandait si ce n'était pas trop dur, si financièrement ça allait, je répondais « Chaque enfant vient avec un pain sous le bras », maxime souvent répétée lors des méditations et autres moyens de formation. Je finissais par croire qu'il s'agissait de mes propres idées, mes convictions personnelles.

Pendant ces treize ans, je suis sans cesse sur mes gardes : il ne faut pas que je donne matière à scandale. Je m'escrime à bien me tenir, à avoir un comportement digne de l'Œuvre. Je me censure au niveau vestimentaire, langagier. Je me colle un sourire. Aucun signe de tristesse, de doute, de souci ne doit s'afficher sur mon visage. Je joue la comédie non-stop, y compris à moi-même. J'acquiers des jugements de valeur, avec lesquels j'évalue les autres : le nombre d'enfants, la profession, les vêtements. Ces critères sont devenus des réflexes. J'ai l'œil qui se pose sur les petits détails insignifiants, et par eux, je me forge une opinion. Je fais cela sans m'en rendre compte. Et lorsque je m'en rends compte, je me déteste et j'ai peur, je ne veux pas devenir cette personne qu'au fond je ne suis pas.

Après avoir quitté l'Opus Dei, il est très difficile et très douloureux de faire le tri en soi, de savoir ce qu'on est vraiment et ce qu'on est devenu. La question du « qui suis-je ? » prend ici tout son sens.

De plus, il faut descendre de son piédestal pour soi et aux yeux des autres.

Le moins que l'on puisse dire, c'est que je n'étais honnête avec personne, pas même avec moi. J'étais en représentation perpétuelle. Et c'est ce qui, je pense, m'a permis de sortir de l'Œuvre sans trop de dégâts et de pouvoir rebondir malgré tout. Je n'étais pas totalement anéantie. La Véronique que j'étais, la Véronique originelle survivait quelque part au fond de moi. Il me suffisait maintenant de la retrouver et de lui laisser toute la place.

Si la reconstruction a été difficile pour quelqu'un qui, comme moi, n'a intégré l'Œuvre que superficiellement, on imagine le défi que cela peut représenter pour une personne engagée à cent pour cent dans l'organisation. Comment peut-elle se retrouver malgré l'emprise que l'Opus Dei a exercée sur elle ?

Sortir est un pas, le premier, peut-être pas le plus difficile, bien qu'il faille batailler ferme pour prendre ce droit. La vie après est sans doute ce qui demande le plus d'énergie et de force mentale. En quittant l'Œuvre, nous perdons des repères, il nous faut en trouver d'autres.

14

Sortir et s'en sortir

Je suis sortie de l'Opus Dei le 19 mars 1996.

Toutes les années précédentes, de janvier à mars, je suis angoissée. Chaque début d'année, je répète à ma directrice que je n'ai pas la vocation, espérant qu'à la longue elle prendra au sérieux ce que je lui dis et accepte que je ne renouvelle pas mon engagement. Mais toujours je replonge. Le 19 mars : je prends le téléphone et confirme mon adhésion.

Rien n'aurait été plus facile que de dire « non », de ne pas téléphoner. Mais je crains l'après. D'une part, mon mari n'apprécierait pas et je redoute ses réactions. De plus, je ne suis pas organisée, je ne suis pas prête. Psychologiquement, je bloque, les enfants sont petits, je n'ai pas de travail, je me sens démunie et impuissante. J'ai peur de tout chambouler.

À l'approche de la date fatidique, je revis les mêmes angoisses, les mêmes hésitations. C'est incroyable, ce recommencement annuel, cette répétition qui laisse un goût de déjà vu, de déjà ressenti.

L'engagement à l'Œuvre se renouvelle donc tous les ans le 19 mars, à la Saint-Joseph, par simple coup de téléphone ou une visite dans un centre, sauf pour les membres « ayant fait la fidélité », qui correspond à un engagement à vie. Comme je n'ai pas fait la fidélité, si je ne donne pas signe de vie ce jour-là, je suis considérée officiellement comme radiée des cadres.

En cette année 1996, mon mari a quelques démêlés avec l'Opus Dei où il n'est plus en odeur de sainteté. Ses « directeurs » l'affrontent, mais il n'obtempère pas. Entre eux, c'est la guerre. Je profite de cette opportunité pour prendre ma décision. Je reprends contact avec d'ex-membres de l'Œuvre. Je veux connaître la marche à suivre.

C'est un sujet tabou. Alors, en secret, je prends contact avec elles, soit par téléphone, soit par lettre. En fait, je crains un peu le contact direct, on ne sait jamais comment la personne va réagir. Elle a quitté quelque chose, veut peut-être couper les ponts avec tous ceux qu'elle a connus pour recommencer à zéro. Mes anciennes amies prennent toutefois la peine de me répondre. Aujourd'hui encore, je leur demande pardon de ne pas avoir cru ce qu'elles m'ont dit.

Toutes me racontent les pressions qu'elles ont reçues, les menaces de damnation éternelle qui se sont abattues sur elles. Certaines sont tombées en dépression, d'autres cauchemardent toutes les nuits. Elles se voient en enfer. Tout cela, je l'écoute. Je dois avouer que je n'y apporte pas grand crédit. Je me dis simplement que ces femmes sont fragiles, qu'elles sont fâchées contre l'Opus Dei et que, comme il se doit, elles en rajoutent un peu. Je ne veux pas faire comme elles. Je souhaite quitter l'Opus Dei, mais dans la paix. Je n'en veux à personne en particulier, si ce n'est à moi-même. J'ai confiance. Les membres de l'Œuvre sont raisonnables. On nous parle toujours de la liberté de partir. C'est vrai que l'on évoque aussi la fidélité à la vocation. Mais tout de même !

Le chemin après est à la fois très personnel et étonnamment similaire pour tous. Je crois qu'on peut le comparer à un mur d'escalade : il y a des prises, certaines plus faciles à saisir que d'autres. De chacune de ces prises, nous ressortons grandis. De chacune dépend notre reconstruction.

Savoir reconnaître, laisser parler en nous nos désirs, nos envies, nos idées, nos opinions, nos émotions. Savoir les écouter. Penser par nous-mêmes est sans doute le début de la renaissance : la première étape, celle qui nous conduit à redevenir responsables. Nous passons à travers les balbutiements et les premiers pas ; le chemin vers l'indépendance peut être plus ou moins long.

En 1996, avant le 19 mars fatidique, je vais voir un prêtre d'une communauté qui vient de s'installer dans ma ville. Je rentre dans l'église et fonce vers le confessionnal. Je m'assois sur le tabouret libre. Le prêtre attend ma confession. Je me lance dans mon histoire de double jeu, de désir d'en sortir. Je lui raconte mes treize ans d'engagement, les choses qui me plaisent et celles qui m'agacent. Je lui parle de mes amies et de leur témoignage : péché mortel, damnation... Il m'écoute attentivement, et se contente de me dire qu'il ne voit pas en quoi je ne serais pas libre de quitter cette prélature. Pour lui, je ne suis liée en rien à l'Opus Dei. Il me dit que l'Œuvre a pu être un chemin durant ces treize ans, et que maintenant j'ai besoin d'autre chose. Il ne voit pas pourquoi ce serait un péché de s'en aller.

Rien ne me lie, je suis donc libre. J'avais besoin d'entendre cela, sans doute pour me déculpabiliser. Je reviens donc plus sûre de moi que jamais. J'ai l'esprit tranquille. Tout cela me réconforte, et me renforce dans l'idée que mes amies ont dû en rajouter quant au prétendu tremblement de terre provoqué par leur sortie. Ce départ semble si simple, si insignifiant. Enfin, je suis calme, sereine, déjà j'ai l'impression d'être plus légère. Mon sentiment d'oppression s'estompe. Je me sens renaître.

J'ai eu besoin du témoignage et de la parole de ce prêtre. Je suis troublée, en effet, par cette histoire de Satan qui serait à l'œuvre pour combattre ma vocation et m'entraîner en enfer. Logiquement, je sais que je suis libre de sortir de l'Œuvre, et que cette histoire de diable n'est que de l'intimidation. Mais l'avis d'un prêtre m'est nécessaire pour ne pas être rattrapée par le doute que les numéraires risquent peut-être d'insinuer en moi. Je veux donc que deux autorités égales s'affrontent.

Mon parti est pris, j'ai décidé et je ne reviendrai pas sur ma résolution. C'est ferme et définitif. Rien que cette certitude est libératrice. Le fait d'agir, en ne téléphonant pas au centre, n'est pas le plus important. L'événement libérateur est le moment où je sais au fond de moi que ma décision est prise, et que rien ne me fera plus reculer. Cet instant est celui qui casse les chaînes, qui délie les liens, et qui apporte un nouveau souffle. Le reste n'est que formalité.

Le soir du 19 mars 1996, le centre n'a donc aucune nouvelle de moi. Vers 22 heures, une numéraire me téléphone. Elle me demande si j'ai oublié. Je lui réponds que non, que je quitte l'Œuvre. Au bout du fil, il y a un blanc, puis mon interlocutrice tente de me faire changer d'avis. Elle me cuisine sur mes motivations, s'efforce de me montrer que je fais une erreur. Mais chacun de ses arguments me conforte dans mon choix. Elle me dit que nous devons parler, que la vocation est quelque chose de sérieux, qu'il ne faut pas céder à un moment de faiblesse, qu'il faut surmonter les obstacles, que l'on en ressort grandi... Elle insiste : pour prendre une telle décision, il faut vraiment avoir réfléchi. Mais j'ai réfléchi. Elle me reproche donc de ne pas en avoir parlé avec ma directrice. Depuis le temps que je répétais que je ne me sentais pas à ma place dans l'Œuvre, ce n'est pas une fois de plus qui aurait changé quoi que ce soit. J'aurais juste encore entendu parler du diable...

Rien ne me fera changer d'avis, je ne reviendrai pas sur ma décision. La discussion s'achève ainsi, sur une incompréhension. Cette façon d'essayer de me rattraper me met hors de moi. Mais je tiens bon, pour la première fois. Pour moi, c'est une grande victoire, je suis heureuse de ce qui vient de se produire. Je ne me suis pas laissé fléchir. J'ai gagné un bras de fer. Je suis fière, cela me fait du bien. Il me reste donc encore un peu de ressort, de volonté, de libre arbitre.

Après ce coup de téléphone, je me sens bien. Rien ne change, mais en même temps, tout change. Je suis joyeuse, pour de vrai, pas de la joie factice que j'ai connue. Je suis pleine de dynamisme. J'ai envie de vivre. Je suis excitée d'avoir retrouvé ma liberté, excitée de me retrouver. Maintenant, je vais m'occuper de moi.

Je sais dire « non » ! À ce moment, mon mari est à Rome. Je lui apprends la nouvelle au téléphone. Après avoir marqué un temps de silence, il me dit qu'il a rendez-vous avec le staff de l'Opus Dei, à la maison mère je crois. Il m'explique en trois mots qu'il rencontre des difficultés avec eux. Je ne cherche pas à en savoir davantage, et d'ailleurs je m'en fiche, cela ne me concerne plus. À son retour, il m'apprend son renvoi. Il enrage. Nous voilà donc dehors tous les deux, moi de mon propre chef, lui contre son gré. L'inverse de ce qui s'était passé pour notre entrée. Nous sommes quittes... La vie a beaucoup d'humour.

L'une des premières choses que je fais, au lendemain de ce 19 mars, c'est de vider mes armoires. Cela peut sembler idiot, mais pour moi, c'est une sacrée avancée. Je me défais de l'Opus Dei.

J'ouvre placards et commodes et fais des tas avec ce que je ne veux plus jamais porter. J'y empile loin les tailleurs, les jupes opusiennes et les chemisiers aux multiples boutons, ainsi que les petites chaussures bcbg, les bijoux qui ne me correspondent pas. À la fin de ce tri, j'ai rempli au moins quatre sacs poubelles. J'ai jeté mon déguisement de parfaite surnuméraire. Mes armoires respirent, moi aussi. Mes étagères et mes cintres sont presque vides, et moi, je me sens légère ! Maintenant, je vais acheter des vêtements qui me plaisent, oser mon style, sans craindre les corrections fraternelles. Je dois avouer que cela est beaucoup plus facile à dire qu'à faire. Car l'Opus Dei m'a appris la crainte, la peur du jugement. Il me faut m'écouter, laisser parler mes goûts ! Petit à petit, je redeviens une femme. J'adore ça.

Au départ, je suis un peu timide et empruntée devant l'étalage des petites culottes, puis je me lâche. Et hop, un verrou de moins ! Toute cette énergie dépensée pour choisir un pantalon qui me plaise, un petit top sexy, une mini-jupe, un vêtement original ! Combien d'énergie me faudra-t-il dépenser pour des réalités nettement moins futiles ! Je réalise que j'ai devant moi un travail de titan. Mais je vais m'y employer. Chaque choix devient une petite victoire.

Quelques jours plus tard, on m'appelle du centre pour me dire que la directrice de Paris (celle qui dirige la section féminine au niveau national) veut me voir pour discuter de ma sortie de l'Œuvre. Je n'ai rien demandé. On m'impose le jour du rendez-vous. Elle est venue spécialement pour me rencontrer, sans savoir si j'étais d'accord, et sans se préoccuper du moment qui m'arrangeait. Personne ne m'a consultée. Je vis cela comme une convocation. Rien que le fait de retourner au centre m'oppresse. Je suis anxieuse, tendue, j'ai les épaules lourdes. Je me raisonne en me répétant que je n'ai rien à craindre. Au fur et à mesure que je me rapproche du lieu de rendez-vous, mon cœur bat la chamade, mes jambes ont du mal à me soutenir. Enfin, j'arrive. J'ai la gorge nouée, le simple fait d'appuyer sur la sonnette me donne le vertige. Ma vue est brouillée, je suis aujourd'hui incapable de savoir qui m'a accueillie. Pourtant, après quelques minutes, je me décontracte, les numéraires sont souriantes, et l'ambiance est détendue, presque amicale. C'est bon, tout est comme avant, aucune gêne ne semble s'être installée. Je suis accueillie chaleureusement, et nous échangeons quelques nouvelles.

La directrice de Paris arrive et m'embrasse. Nous nous isolons dans une pièce. Nous voilà toutes les deux face à face. Elle est opusienne de la tête aux pieds, mais sympathique, souriante, très avenante, et cela me rassure. Je lui dit que je ne sais pas pourquoi elle veut me voir, ni ce qu'elle attend de moi. Elle me répond que c'est la procédure normale à l'Opus Dei lorsque quelqu'un quitte l'Œuvre. Quand elle me demande pourquoi j'ai décidé de partir, je lui assure que je n'ai rien contre l'Opus Dei, mais que ce n'était pas ma voie, que je ne me sentais pas à ma place. Je parle sans acrimonie et sans fard. Elle veut savoir, comprendre, je lui donne toute satisfaction.

L'entrevue dure trois heures. Au fur et à mesure, elle se transforme en interrogatoire : qui ? pourquoi ? comment ? Je suis plus ou moins incitée à la délation : il y a bien quelqu'un qui m'a poussée à partir ? Mais tout cela avec le sourire. Bien sûr, ce sont certaines corrections fraternelles, certains enseignements qui n'ont fait que me confirmer dans mon choix, mais j'essaye de lui expliquer que c'est un tout : plein de petites choses insignifiantes en soi, mais qui mises ensemble m'ont étouffée. Se montrer précise, donner *la* raison, est impossible. C'est l'ensemble qui me dérange. Je lui cite néanmoins l'exemple de la correction fraternelle au sujet de mes cheveux, mais cela semble tellement ridicule comme motif pour rejeter sa vocation ! Je finis par lui confier tout ce que j'ai sur le cœur, toutes les choses petites et grandes qui m'ont heurtée, que je n'ai pas acceptées. J'évoque le plan de vie que je n'arrive pas à suivre et qui pour moi n'a aucun sens, et la sempiternelle question de la foi qui me semble bien loin de moi. Elle me répond doucement : « Tout le monde passe par des moments de doute, de nuit, tout cela est normal, le fait même de se poser ces questions manifeste au contraire une foi réelle. » Pour ce qui est des exemples que je lui ai cités, elle me dit que cela relève pour une grande part d'un problème de personnes. Elle me demande des noms, des lieux. J'ai l'air maligne de lui parler de teinture, de tenue vestimentaire ! Je persiste. J'ai fréquenté l'Opus Dei à Zurich, Genève, Lausanne, Barcelone, Milan, Rome, Strasbourg et Paris, ce n'est donc pas un problème de personnes ! Je ne suis pas faite pour cela, un point c'est tout ! Je ressens cette vocation comme un poids, je n'en veux pas. La directrice finit par l'admettre.

Nous nous quittons avec sympathie. Au moins en apparence. Elle m'invite même à continuer de venir aux récollections, et me dit que je serai toujours la bienvenue.

Cette conclusion me réconforte. Je ne suis donc fâchée avec personne. Je repars l'esprit libre et tranquille. À ce moment, je me redis que mes amies qui ont quitté avant moi sont allées un peu loin, et se sont fait tout un cinéma.

Soulagée, en paix avec mon passé, je commence une nouvelle vie. Mais je continue à informer mes amies intéressées des activités dispensées par l'Opus Dei. Je transmets d'ailleurs ces invitations avec beaucoup moins d'efforts que lorsque j'étais surnuméraire puisqu'il n'y a plus d'enjeu.

Par ailleurs, je continue ma vie, et commence à fréquenter une communauté chrétienne. Là, je me sens libre de poser toutes les questions qui me viennent à l'esprit. Je trouve là-bas une dimension du cœur que je n'ai jamais connue à l'intérieur de l'Opus Dei. J'apprends des tas de choses – l'Esprit saint, la louange, la miséricorde, l'amour, la tendresse, la proximité du Christ. Je suis tellement contente que je finis par téléphoner à la directrice de mon ancien centre pour lui faire partager ma joie.

Nous nous retrouvons à une terrasse de café. Là, je lui raconte ma nouvelle expérience. Je suis explosive, excitée, heureuse de lui dire que j'ai enfin trouvé quelque chose qui me correspond, qui nourrit ma foi et ma recherche spirituelle. Je m'attends à ce qu'elle se réjouisse pour moi. Mais non.

En guise de réponse, elle me dit que réciter le *Notre Père* les mains ouvertes, cela ne s'appelle pas prier. Que se confesser sans la grille du confessionnal, mais uniquement face au prêtre, cela ne se fait pas, que mes confessions ne sont donc pas valides. En moins d'un quart d'heure, elle traite cette communauté d'hérétique et l'assassine. Je pars, fâchée.

Je suis profondément déçue de la réaction de cette numéraire. En même temps, je me dis que cette fois, la page est tournée. C'est du moins ce que je crois.

Tout s'est éclairé, si l'on peut dire, un peu plus tard. Sur le chemin de l'école, une de mes amies (qui n'était pas membre de l'Œuvre, mais qui allait mensuellement aux récollections) m'avoue, gênée, qu'il y a quelques jours elle a reçu la visite d'une surnuméraire. Cette dernière lui a dressé un tableau diabolique de ma petite personne, lui a recommandé de ne pas écouter ce que je disais de l'Opus Dei car j'avais rompu mon engagement, que c'était très grave, que c'était un péché mortel – or, mourir en état de péché mortel nous précipite directement en enfer ! Le message est direct : il ne faut plus qu'elle m'accorde ni son amitié ni sa confiance. Mon amie, surprise, lui répond que jamais je ne lui ai parlé en mal de l'Opus Dei, qu'elle ignore même que j'en suis sortie, et que je lui donne encore les plannings des activités de l'Œuvre.

Cette jeune femme n'est sans doute pas la seule à recevoir la visite de la surnuméraire, qui fait le tour de mon carnet d'adresses pour me calomnier. Sans doute obéit-elle à des ordres supérieurs. Ce démarchage m'a sidérée.

J'étais étonnée, déçue, furieuse. Ainsi, les témoignages que m'avaient donnés les ex-membres juste avant mon propre départ et auxquels je n'avais accordé aucun crédit étaient vrais. Elles n'avaient rien exagéré. Ma naïveté, une fois de plus, m'avait aveuglée. J'étais vraiment secouée. C'était la guerre. L'Opus Dei avait déclaré les hostilités, je n'allais pas me laisser faire. Subitement, la vision de mes treize années dans l'Œuvre a pris une autre coloration. J'ai relu ma vie avec d'autres lunettes. Je n'ai téléphoné ni au centre ni à la surnuméraire fautive. Mais dorénavant, je ne me priverai pas de dire ce que je pense de cette institution. Comment cette surnuméraire a-t-elle pu agir de la sorte ? Ont-ils cru que je ne réagirais pas, que je ne dirais rien ? Sont-ils à ce point convaincus que les « sortants » n'ont plus aucune ressource mentale ?

Ce que j'ai du mal à accepter, ce n'est pas la menace de la damnation que l'on a brandie au-dessus de mon âme. Non, ce qui m'a fait le plus mal, ce sont ces coups de couteau dans le dos. Quelle hypocrisie, une fois de plus ! Me faire des sourires par-devant, me demander de continuer à fréquenter le centre, m'assurer que je serai toujours la bienvenue, et éplucher mon carnet d'adresses pour me dévaloriser auprès de mes amies. Et quelle incohérence avec l'enseignement de Mgr Escrivá qui, dans une de ses homélies, dit : « Ce n'est plus moi mais saint Paul qui te répond : *L'amour du Christ nous presse.* Tout le temps d'une existence est bien peu de chose pour élargir les frontières de ta charité. Dès les tout premiers commencements de l'Opus Dei, je me suis acharné à répéter sans relâche cette affirmation du Christ aux âmes généreuses disposées à la mettre en pratique : *À ceci tous vous reconnaîtront comme mes disciples : à cet amour que vous aurez les uns pour les autres.* L'on nous reconnaîtra précisément à cela, parce que la charité est le point de départ de toute activité du chrétien. » Ses disciples semblent l'avoir oublié.

Paradoxalement, ces agissements déplorables m'ont aidée à tourner la page. Ce n'était pas moi qui avais un problème comme je le croyais, mais bien l'Opus Dei qui se conduisait mal. J'aurais pu vivre cette sortie de l'Œuvre comme un échec. Encore une expérience qui confirmerait ma nullité et mon manque d'intelligence. Tout pour augmenter la mésestime de soi. Mais grâce à leurs attaques, cette sortie n'était plus un échec, mais une victoire. La première victoire, la deuxième étant le jour où j'ai demandé le divorce.

Je ne suis ni la première ni la dernière à avoir été traitée de la sorte, ainsi que je le découvrirai au fil du temps. Sans vouloir comparer, on retrouve la façon dont Mgr Escrivá de Balaguer traita son ancienne secrétaire, Carmen Tapia, lorsqu'elle quitta l'Opus Dei. Il menaça de détruire sa réputation auprès de tout le monde, pour qu'elle soit dans l'impossibilité de trouver un travail ; aujourd'hui encore, son nom est tabou au sein de l'Œuvre. Pour mes amies, pour toutes celles qui ont donné leur confiance, leur vie à l'Opus Dei, pour elles la reconstruction a dû être très douloureuse, et cette façon d'être démolies par des sœurs a dû être insupportable. Pour ma part, le peu de conviction que j'avais dans les enseignements reçus m'a permis de m'en sortir sans trop de casse.

Mais avant de me reconstruire, j'ai eu besoin d'extérioriser ma souffrance, ma colère, non pas d'avoir été treize ans dans cette impasse, ce que j'assume, mais d'avoir été assassinée moralement après l'avoir quittée. Cette souffrance s'est traduite par des crises de larmes, par de la méfiance envers les autres, par de la peur face à l'engagement. J'avais besoin de crier, et pour cela, je me suis mise à écrire...

La plupart des surnuméraires m'ont tourné le dos et aujourd'hui encore m'ignorent superbement lorsque nous nous croisons dans la rue. Mais aujourd'hui, cela m'est bien égal. Après ma sortie de l'Œuvre, j'allais encore quotidiennement à la messe dans ma paroisse. J'y rencontrais les habitués : quelques personnes âgées et des numéraires masculins. Dans le temps, nous avions l'habitude de nous saluer. Depuis ma sortie, ces numéraires ne m'adressent même plus le plus petit signe de politesse. Pourtant nous étions à la même cérémonie, priant le même Dieu. Mais pour eux, j'étais devenue une renégate, une pestiférée, une paria, et m'accorder un regard, un sourire les aurait certainement salis. J'étais devenue inexistante à leurs yeux. Ces comportements, de la part d'un avocat, par exemple, et d'autres notables, me semblent particulièrement inadmissibles. En tout cas, ils m'ont confortée dans mon choix.

Mais le pire était à venir. En 2000, je découvre que j'ai un cancer. Tandis que j'entre en convalescence, une de mes amies, qui fréquente le centre de l'Opus Dei sans être surnuméraire, demande lors d'une réunion que l'on prie pour moi. La réponse immédiate d'une directrice l'a laissée interdite : « On ne prie pas pour elle, elle a quitté l'Opus Dei. »

Je ne mérite pas de prière. On me tourne le dos. Sans parler de ce que l'on doit colporter sur moi et qu'heureusement j'ignore. Je suis mise en quarantaine ! L'Opus Dei se venge comme il peut de ma défection.

Combien de personnes quittant l'Opus Dei sont tombées dans une profonde dépression ! Sortir de l'Œuvre, c'est « obéir à Satan », c'est un péché mortel, c'est se damner pour la vie éternelle. Tel est le langage que l'on tient à propos des membres dissidents.

L'Opus Dei agit plus à l'image d'un groupe de pression que d'un mouvement religieux. On ne peut rien dire contre cette prélature. Elle est sainte ! Elle s'autoproclame parfaite. Pourquoi, par exemple, n'avoir pas pris en compte les témoignages négatifs sur l'Opus Dei lors du procès de canonisation du fondateur ? Pourquoi n'avoir pas pris en considération le témoignage des repentis ? « Repentis », c'est le nom donné aux personnes qui ont fait partie de l'Œuvre. Un terme emprunté au vocabulaire lié à la mafia. Même si, bien entendu, cette comparaison n'est pas de saison ! Se fonder sur des déclarations exclusivement positives en vue d'établir la sainteté du fondateur, n'est-ce pas partial ? N'est-ce pas répondre à la question avant même de l'avoir posée ? Jusqu'où l'Opus Dei est-il prêt à aller pour préserver sa toute-puissance ?

Je m'en suis bien tirée, mieux peut-être que tant d'autres. Après avoir pris conseil peu de temps avant ma sortie de l'Opus Dei, je suis retournée vers cette communauté chrétienne si différente de l'Œuvre. Là-bas, j'ai rencontré un prêtre qui est devenu mon directeur spirituel. Dès notre premier entretien, il a deviné le malaise de mon couple. Je lui ai déclaré vouloir tout abandonner : le mari et la religion. Lui ne m'a pas répondu de « porter ma croix » mais a demandé à rencontrer mon mari.

Le jour convenu, nous nous présentons à un rendez-vous dans les murs du monastère. Nous sommes trois : le prêtre, que j'appellerai Augustin, mon mari et moi. L'entretien débute par quelques questions banales. Augustin m'interroge, et à trois reprises, mon mari répond à ma place. Lorsque Augustin me demande ce que j'en pense, mon mari lui rétorque : « Elle ne pense pas. » Au vu de l'expression du prêtre, je devine sur-le-champ qu'une porte s'ouvre, et je suis décidée à m'y engouffrer. Ce jour-là, j'ai saisi ma chance. J'ai tout déballé devant mon mari. J'ai payé les frais une fois rentrée à la maison ! Augustin a tenté de nous aider du mieux qu'il a pu, en étant notre médiateur conjugal. Peine perdue. De toute manière, je ne voulais plus de ce mariage !

Je me souviens de la première fois où j'ai répondu « Mal » alors que l'on me demandait comment j'allais. Lors d'une sortie de messe, sur le parvis, une des moniales qui accueille les fidèles me salue et me pose la question fatidique : « Comment vas-tu ? » Ce jour-là, j'ai entendu cette question avec ce qu'elle renfermait de « sérieux ». Ma réponse est sortie sans même que je puisse la contrôler. « Mal », je vais mal, et je le dis. C'était la première fois que je jetais le masque. À l'intérieur de moi, il y a eu comme un grand souffle, ou un grand vide d'air. Un peu l'impression d'un ballon qui se dégonfle. Des larmes incontrôlées et incontrôlables ont coulé. Cet aveu a brisé la glace dont j'avais entouré mes émotions. Pour la première fois, j'étais honnête envers moi et avec l'autre. Cela m'a fait un bien fou.

Pour me reconstruire, j'ai eu besoin des autres. Non pas comme instruments choisis, mais comme personnes se trouvant sur mon chemin, au moment où j'en avais besoin. Grâce à leurs regards sur moi, grâce à leurs paroles, j'ai pu remonter la pente. De ces autres qui ignorent tout de mon passé, je reçois l'amitié, l'estime. Je reprends confiance en moi. Lorsque je leur raconte des bribes de ma vie d'avant, ils m'écoutent, rares sont ceux qui me jugent, ils me réconfortent, me soutiennent, m'encouragent.

Si je devais énoncer la plus grande difficulté que j'ai rencontrée après ma sortie de l'Œuvre, je dirais sans hésiter : l'amitié. J'ai éprouvé énormément de mal à renouer des liens. Je ne savais pas quoi dire aux autres, je ne me confiais pas à eux, j'étais extrêmement gênée lorsqu'ils déversaient leurs problèmes auprès de moi car je n'avais plus de réponses toutes faites, je n'avais plus l'Opus Dei à leur proposer. Je me retrouvais seule, avec mes propres opinions, mes propres réponses, et je n'osais pas parler. J'ai mis du temps à regarder les personnes pour ce qu'elles étaient, des êtres humains comme moi, avec leurs joies et leurs souffrances, sur un pied d'égalité. Cela, je ne l'avais jamais vécu, j'avais été celle qui devait apporter quelque chose, celle qui en savait plus que les autres et qui pouvait les aiguiller auprès d'un prêtre de l'Œuvre. Dès l'instant où j'ai quitté l'Œuvre, j'ai perdu mon statut d'élue, je suis redevenue une femme lambda. J'ai mis longtemps à regarder les gens en face, surtout les hommes. J'avais du mal à soutenir un regard, je baissais immédiatement les yeux. Au départ, je n'osais pas m'impliquer dans une conversation et donner mon avis. Premièrement parce que je n'avais rien à dire et deuxièmement parce que si mon avis différait de celui des autres, j'avais peur de déplaire. J'étais encore dans cette soumission qui me collait à la peau. Je vivais encore avec cette certitude que je ne savais rien, que je n'étais rien, que je ne valais rien. Les autres avaient raison et savaient mieux et plus que moi.

J'ai quitté l'Opus Dei le 19 mars 1996 et mon mari a abandonné la famille trois ans plus tard. Entretemps, ce furent des années difficiles. Je savais que notre couple ne durerait pas, je ne voulais plus accepter ce que j'avais jusque-là enduré au quotidien. Frère Augustin essayait de raisonner mon mari, de discuter avec lui. Mais pour moi, ma décision était déjà arrêtée. Dans le même temps, mon mari partait dans un délire mystique. Il pensait entendre des voix, il avait ce qu'il appelle des monitions intérieures. Il voyait le mal en tout le monde, et se méfiait des uns et des autres. Il s'enfermait des journées entières dans notre chambre, m'en interdisant l'entrée, ainsi qu'à nos enfants. La moindre contrariété l'exaspérait et les violences redoublaient d'intensité. Il en vint à penser que travailler était un péché mortel car, la société étant corrompue, le travail en était complice. Ben voyons ! Donc il se refusait à tout travail, ne faisant que lire des récits mystiques, et écrire des traités de la même veine. Il se disait et se dit encore investi d'une mission ! Il doit sauver la France, l'Église et le monde. Il néglige sa famille, ce qui lui vaut mes griefs et mes reproches. Personne ne m'aide, sinon le frère Augustin, qui tente de faire retrouver le sens des réalités à mon mari. En vain.

Un soir, mon mari hurle sur mes deux aînés et s'en prend à eux parce qu'ils refusent d'aller à la messe. C'en est trop. Qu'il s'attaque à moi, passe encore, mais pas aux enfants ! Il ne se prive d'ailleurs pas, sous couvert d'éducation, d'user de méthodes révolues envers ceux qui ne filent pas droit. Ce soir, où mes garçons tiennent tête à leur père et lui résistent, scelle ma décision de séparation. Dans le mois qui suit, je consulte des avocats. Je vais même jusqu'à demander le soutien de l'archevêché de Strasbourg.

Du départ de leur père, mes enfants ne me semblent pas affectés. Mais eux seuls peuvent le dire. Je me souviens qu'un jour, l'un d'eux a prié pour que je ne retourne pas avec mon mari ! Quelle image du père ont-ils pu se forger ? Je ne sais pas bien. Il est capable, encore aujourd'hui, d'avoir une très grande emprise sur eux.

Quant à moi, petit à petit, je me suis lâchée. Je n'ai plus craint d'asseoir sereinement et tranquillement mon caractère, mes idées, mes préférences et mes goûts. Je n'ai plus redouté ni les corrections fraternelles des membres de l'Œuvre, ni les réactions imprévisibles de mon mari.

Il y a encore du travail, on n'efface pas treize ans de sa vie en un battement de cils. Mais j'ai appris à me confier à mes amies, à demander des conseils, de l'aide. Je ne suis plus cette super-woman que l'Opus Dei voulait faire de moi. Je ne suis plus seule pour trouver et donner des réponses, les autres sont là aussi. Je retrouve cette réciprocité et c'est merveilleux. Je choisis mes amis, et eux me choisissent ; l'amitié se fait naturelle, elle est une joie, alors qu'auparavant elle m'était un poids. Ce n'est plus moi et moi seulement qui détiens la vérité. L'autre aussi m'apprend. Cela m'était inconnu lorsque j'appartenais à l'Opus Dei. Pour ceux qui ont cru en profondeur aux enseignements de l'Œuvre, la rupture ressemble à une déchirure et le chemin de reconstruction doit être long, pénible et laborieux.

C'est un peu comme quitter un corset : on doit réapprendre à tenir debout et à bouger seul. Nous redevenons responsables de nous-mêmes à cent pour cent. Nous ne nous reposons plus sur les autres pour prendre une décision. Ce qui est bien, car nous choisissons, mais nous assumons aussi les conséquences de nos choix, ce qui, parfois, peut être difficile. On retrouve cette légèreté de l'être, cette respiration profonde de la vie. Surtout, nous prenons notre vie en main.

Combien de personnes sont sorties de l'Opus Dei et ont entamé ce chemin de renaissance avec plus ou moins de difficultés ? Combien ont voulu le faire et en ont été empêchées, rattrapées ? C'est à elles que je songe aujourd'hui.

15

Et les autres ?

Je pense surtout à ces numéraires qui ont accepté la chasteté, la pauvreté et l'obéissance et qui se retrouvent parfois, à quarante ans passés, totalement emprisonnés mentalement. À toutes ces personnes, j'aimerais pouvoir donner un mode d'emploi pour se reconstruire. Hélas, c'est chacun pour soi, chacun avec ce qu'il est, avec ce qu'il a. C'est un travail personnel de longue haleine. Un travail douloureux qui nous amène à essayer de retrouver notre vraie personnalité. Il nous faut accepter d'abandonner beaucoup de choses qui nous avaient façonnés. Regarder le monde différemment, respecter les autres comme jamais nous ne les avons respectés lorsque nous étions de l'Œuvre. Avoir confiance en la vie. Cesser d'être de petits enfants obéissants, et accepter de grandir.

Il faut savoir à la fois regarder en arrière pour voir celles que nous étions et trouver celles que nous sommes vraiment. Habituellement, il est conseillé de laisser le passé derrière soi et de regarder vers l'avenir. Personnellement, j'ai éprouvé le besoin, un besoin vital, de faire marche arrière et de rembobiner ma vie, de me repasser ce film de treize ans. Treize années, c'est énorme ! Je ne voulais pas avoir uniquement de vagues souvenirs de ces années-là. Souvenirs qui avec le temps se dissipent, et l'on en vient à se demander si c'était vraiment ainsi et s'il n'y a pas une part d'affabulation. Notre mémoire aussi peut nous faire douter, nous tromper. Je me suis donc replongée à fond dans ces années. J'ai laissé remonter en moi les souvenirs plutôt que de les étouffer. Au point d'en être oppressée, comme si cette plongée était trop profonde. Je me noyais. Je manquais d'oxygène.

Mais petit à petit, j'ai observé ce passé avec détachement. Et surtout, je ne suis pas restée seule. Ces souvenirs, je les ai confiés à des proches qui m'ont écoutée patiemment. Et je me suis habituée à eux, je les ai côtoyés avec de moins en moins de douleur et de colère. Je les ai acceptés, apprivoisés ; aujourd'hui, je les maîtrise à peu près. L'échange de nos expériences entre ex-surnuméraires a été aussi capital. Combien de nuits blanches autour d'un thé ou d'un café ! Nuits durant lesquelles nous redisions, et pour soi-même et pour l'autre, notre histoire. Besoin de raconter encore et encore, besoin d'entendre l'autre nous confirmer dans nos émotions et dans notre vécu. Comme une tache que l'on veut faire disparaître d'un vêtement en le lavant de multiples fois, nous avons besoin de dire et de redire notre histoire, afin de la « dé-tacher » de nous. Nous tentons de comprendre, d'analyser. Même si l'incompréhension demeure, la démarche est salutaire. Maintenant, lorsque nous nous retrouvons, la discussion est variée, et le sujet de l'Opus Dei est loin derrière nous, mais toujours vivace. J'ai l'impression que lorsque je parle de l'Œuvre, cela date d'hier. Tout est encore très proche. Et je pense qu'il en sera toujours ainsi.

Quand je raconte certaines anecdotes, les larmes me montent aux yeux, mais j'espère que ces larmes seront toujours là. Je ne veux pas non plus devenir insensible et revêtir une armure. Je ne veux plus me durcir. J'aimerais simplement vivre avec cette expérience, la considérant plus comme une amie que comme une ennemie. J'ai presque envie de comparer ce passage dans l'Opus Dei à une cicatrice. Une cicatrice, on ne peut pas la retirer, elle peut seulement s'estomper. Elle ne nous fait plus souffrir, mais sa vue nous rappelle un certain passé.

Mes souvenirs, je les ai comparés aux témoignages d'autres ex-membres de l'Opus Dei. Tous ont la même teneur. Cela m'a réconfortée de voir que de partout, sans aucune concertation, mon expérience, mon malaise et mon mal-être dans l'Œuvre, l'emprise qui m'a asservie étaient similaires pour quantité d'ex-membres. Je n'étais pas, je ne suis pas seule. Je n'ai rien inventé, tout est bien réel.

Avec mes amies, ex-membres de l'organisation, nous cherchons des réponses à ces multiples questions sans toujours en trouver. Encore, pour nous qui avons quitté l'Opus Dei, avons-nous franchi un cap. Nous avons pris une décision et nous nous y sommes tenues, mais qu'en est-il de celles qui sont restées faute de courage ou de liens avec le monde extérieur ?

Car si les surnuméraires gardent l'habitude d'évoluer dans le monde et ont une famille, les numéraires, eux, vivent en communauté dans les centres. Certes la plupart ont une activité professionnelle. Mais leur existence, hors de l'Œuvre, ressemble à un désert. La réinsertion dans le monde, l'obligation de se prendre en main devient dès lors très difficile. Se trouver un appartement. Faire ses courses. Prendre seul ses repas. Occuper ses soirées. Autant de préoccupations inconnues des numéraires.

Alors, comment se débattre, faire valoir ses droits lorsque l'on n'a pour soi-même aucune ou très peu d'estime, lorsque l'on nous a donné l'habitude d'obéir en tout, de se considérer comme des personnes indignes et ne valant rien, lorsque l'on nous a nourries de déclarations telles que l'on en rencontre à foison dans *Chemin* ? Une lecture qui ne valorise pas spécialement la personne humaine : point 592, déjà cité : « N'oublie pas que tu es... la boîte à ordures. C'est pourquoi, si le divin Jardinier te choisit, s'Il te décape, te nettoie..., et s'Il place en toi des fleurs magnifiques..., ni les parfums ni les couleurs qui parent ta laideur ne doivent te rendre orgueilleux. Humilie-toi ; ne sais-tu pas que tu n'es que la poubelle ? »

Belle idée de l'humanité. Comment avec de telles lectures avoir le moindre respect et la moindre considération pour soi-même ? Et surtout, comment aimer les autres ?

Un autre, le point 597 : « Si tu agissais suivant les impulsions de ton cœur et celles que la raison te dicte, tu serais continuellement face contre terre, prosterné comme un ver sale, laid et misérable... devant ce Dieu qui te supporte ainsi. »

Point 207 : « Sois reconnaissant, comme d'une faveur spéciale de cette sainte aversion que tu éprouves pour toi-même. »

Point 619 : « Initiatives. Prends-en dans ton apostolat, sans sortir des limites qui te sont assignées. Si tu sors de ces limites ou si tu as des doutes, consulte ton supérieur, sans faire part de tes pensées à personne. N'oublie pas que tu n'es qu'un exécutant. »

Voilà ce qu'est un membre de l'Opus Dei : un exécutant dénué de toute estime de soi, qui doit en toutes circonstances rendre compte à ses supérieurs. Sa liberté est contrôlée, son esprit d'initiative étouffé. Après avoir lu ces points de *Chemin* et en avoir tiré les conséquences, comment croire l'Opus Dei et lui faire confiance surtout quand on sait que, lorsqu'un scandale éclate, les dirigeants de l'Œuvre se retranchent derrière la responsabilité individuelle ? Comment une initiative peut-elle être encore personnelle, dans le carcan psychologique imposé par l'Opus Dei ?

C'est peut-être la relecture incessante de tels écrits qui fait perdre aux membres de l'Opus Dei leur personnalité et souvent leur humanité.

En tout état de cause, ces quelques points de *Chemin* piochés presque au hasard m'aident à comprendre comment j'ai pu être et souvent, ils me montrent celle que j'aurais pu devenir.

Après ma sortie de l'Opus Dei, en pleine phase de questionnements et de reconstruction, j'ai téléphoné à un prêtre de l'Œuvre. À l'époque, je ne pouvais articuler un mot sans l'accompagner d'un sanglot. La colère, le chagrin se mêlaient dans mes propos. Je lui ai demandé pourquoi il ne m'avait pas aidée. « Nous avons respecté la liberté de ton mari », m'a-t-il été répondu. Je suis sortie de mes gonds. Sa liberté ? Et la mienne alors ! J'ai crié et pleuré. J'ai protesté contre la condition de la femme dans l'Œuvre ! Ce prêtre m'a écoutée et entendue. Je l'ai pris à partie, il a été le réceptacle de ma haine. Je ne mâchais pas mes mots. Ce flot de protestations, de colère, ne s'arrêtait pas. Pour la première fois, je déversais ce que j'avais sur le cœur à une « autorité » de cette institution. Tous ces sentiments refoulés depuis des années et emmagasinés au fond de moi se bousculaient. Mes larmes se mêlaient à mes paroles. Les mêmes questions revenaient sans cesse. Pourquoi n'avez-vous rien fait ? Pourquoi n'avez-vous rien dit ? Pourquoi avez-vous laissé faire ? C'était ma vie qui était en jeu, et celle de mes enfants, et vous n'avez pas réagi ! Comment avez-vous pu nier à ce point ma vie et la personne que je suis ? Il y allait de l'avenir de neuf enfants, et vous avez fermé les yeux. Comment avez-vous pu ? Est-ce là un comportement humain, ou encore chrétien ? Les barrages et les digues que j'avais érigés cédaient de partout, je ne pouvais plus rien contenir. J'ai certainement dû insulter ce prêtre, je ne me rappelle pas.

Patiemment, il m'a laissée parler, sans m'interrompre. J'entendais sa respiration à l'autre bout du fil ; il ne se moquait pas de moi. J'ai eu pour ce prêtre un sentiment très fort, un élan. Son attention envers moi m'a fait basculer. Ensuite, il m'a parlé, avec douceur, respect comme tant de fois j'aurais aimé être entendue dans l'Opus Dei. Puis il m'a dit qu'aujourd'hui, les numéraires faisaient un peu plus attention à la vie de famille des surnuméraires. Ils ne la reléguaient plus au dernier plan... Par la suite, ce même prêtre m'a écrit une lettre dans laquelle il me demandait pardon et espérait qu'un jour je puisse pardonner. Il n'était pas obligé de présenter ses excuses. Rien ne l'y contraignait. Ou alors peut-être sa conscience... J'ai beaucoup d'estime pour cet homme et le remercie pour son courrier.

Pardonner ? Je ne crois pas en être capable aujourd'hui. Bien sûr, je pourrais commencer un tel chemin, mais à quoi me mènerait-il si l'Opus Dei, en tant qu'institution, ne reconnaît pas ses torts ? D'ailleurs, pour le moment, je n'ai même pas le désir de pardonner ; le pardon, c'est encore loin. Je ne suis pas encore apte à mettre en pratique le point 452 de *Chemin* : « Efforce-toi, s'il le faut, de pardonner toujours et tout de suite à qui t'offense. Pour grand que soit le tort ou l'affront qu'on te fait, Dieu t'a pardonné, à toi, bien davantage. » Ni le point 689 : « Les langues se sont déliées : tu as essuyé des avanies, et tu en as été d'autant plus blessé que tu ne t'y attendais pas. Ta réaction surnaturelle doit être de pardonner – et même de demander pardon – et de profiter de cette expérience pour te détacher des créatures. »

On peut se demander pourquoi l'Opus Dei ne met pas en pratique ce précepte et pourquoi, au lieu de faire des procès à ceux qui le blessent, il ne leur offre pas son pardon. L'élève ne dépasse pas le maître.

Donc, je n'éprouve aucune honte à ne pas pouvoir pardonner. Je ne pardonne pas.

Peut-être que le jour où l'Œuvre acceptera de regarder en face ses erreurs, de faire son mea culpa, le jour où elle cessera de se croire parfaite et sainte, peut-être alors ce jour-là pourrai-je commencer à essayer de pardonner. Ce temps, à l'évidence, n'est pas encore arrivé. Car comment pardonner à quelqu'un qui n'a rien à se reprocher ?

Je n'ai guère de contacts avec ceux et celles que j'ai côtoyés pendant toutes ces années. J'ai cependant conservé des relations amicales avec un couple de membres surnuméraires. Nous évitons bien évidemment le sujet qui pourrait fâcher. Nous en avons parlé une seule fois, chacun exprimant son point de vue sur l'Opus Dei, et nous en sommes restés là. Nous en parlons d'ailleurs si peu que ce n'est que par des voies détournées que j'ai appris que leur fille était devenue numéraire. Mais ce sont mes amis, et je les respecte.

Je ne suis pas dans la vindicte, la vengeance, la colère à l'état pur, je pense avoir dépassé ce stade. Bien que je m'emballe souvent lorsque je parle de l'Opus Dei. Les mots me submergent et j'ai du mal à les contenir, à garder mon calme. Je dois faire un effort pour ne pas parler trop vite, pour peser mes mots. Mais j'essaie de regarder derrière moi avec humour.

Peut-être ce témoignage ne plaira-t-il pas à certains... tant pis. Je ne cherche pas leur approbation. J'ai essayé d'être au plus près des événements.

J'ai confié au lecteur des bribes de ma vie, un peu en désordre, j'ai écrit comme l'on renverse une boîte de puzzle. Des pièces éparses, des morceaux de vie éparpillés. Un travail de souvenir auquel ma mémoire se refusait parfois. Chercher au fond de moi, tout au fond, ce qui avait été enfoui dans le but d'être oublié, toutes ces choses que j'ai occultées, effacées sans le vouloir.

Voilà. Un travail toujours en action, en mouvement. Une renaissance ne se fait pas en un jour, mais c'est chaque jour que l'on y travaille. Et lorsque l'on pense avoir fini, il faut attaquer ailleurs. Après treize années passées dans le saint des saints, la reconstruction est un labeur quotidien.

Remerciements

J'aimerais exprimer ma gratitude à tous ceux qui m'ont encouragée, redonné confiance en moi, et soutenue dans ce travail d'écriture.

Table

9433

Composition
NORD COMPO

Achevé d'imprimer en Espagne
par LITOGRAFIA ROSÉS
le 10 octobre 2010.

Dépôt légal octobre 2010.
EAN 9782290015797

ÉDITIONS J'AI LU
87, quai Panhard-et-Levassor, 75013 Paris

Diffusion France et étranger : Flammarion